デジタルで変わる

セールスプロモーション基礎

販促会議編集部 編

デジタルで変わる
セールスプロモーション基礎

巻頭言 | デジタル時代に変わる
マーケティングとクリエイティブの役割

　月刊『宣伝会議』の創刊は1954年。以来、『宣伝会議』が見つめ続けてきた日本企業のマーケティング、宣伝・広告活動の60年を超える歴史の中で、インターネットの登場、浸透ほど、消費行動を変え、企業のマーケティングに変化を強いたものはありません。

　2000年前後から、企業のWebサイト開設が相次ぎました。当時はまだ、紙の会社案内、カタログをWebに転載する企業が主でした。その後、新しい"広告メディア"として「インターネット広告」「モバイル広告」が脚光を浴びました。中小規模の企業にとっても広告が身近なものになったのもこの頃です。単価の低いインターネット広告は、広告という手段を活用できる企業の裾野を広げていきました。

　しかしながら、2008年頃になると、単に新しい広告メディアとしての位置付けでは、この潮流は捉えられないのではないか、という認識が広がります。結果、「デジタル」や「デジタルマーケティング」という概念が産業界に広がっていきました。

　そして現在。IoT、人工知能など、デジタルテクノロジーは進化の一途を遂げ、デジタルを活用して、いかに今の時代に合った商品・サービスの価値をつくれるか、という非常に根源的な課題に多くの企業が直面しています。

インターネット、そしてデジタルテクノロジーが浸透する社会は、消費者の行動、そして価値観を劇的に変えました。これまで価値があると思われていたものが、急速にその魅力を失ってしまう状況も生まれています。

マーケティングや宣伝・広告の理論、実務には、これまで多くの研究者、実務家の方々がつくり上げてきた根源的に変わらない概念があります。一方で、これほどまでに時代が劇的に変わった今、見直すべき「概念」「手法」もあります。

「デジタル時代の仕事の基本」をテーマにした本シリーズは、時代が変わった今の「基本」を改めて、一冊の書籍にまとめることを狙いとしています。

具体的には以下のような課題に対する解決策を提示してまいります。

● 既存の広告手段、メディアだけでは従来の効果が得られなくなっている。
● SNSが浸透し、消費者自身の発信量が増えたことで、ブランディング、ブランドマネジメントの方法論を変える必要が出ている。
● メディア、情報の量が爆発的に増えたことで、消費者のメディア接触が断片化し、自社の情報を届けづらくなっている。
● テクノロジーの進化のスピードが増したことで、商品のライフサイクルが極度に短命化している。

デジタルテクノロジーの浸透だけでなく、少子高齢、人口減少、消費の成熟など、社会・産業構造の変化も、今日の企業マーケティングの大きな課題です。

本シリーズでは、「デジタルテクノロジーの活用で、現代の課題を解決する」こともコンセプトの一つに据えています。

　宣伝会議が60年以上に渡り、専門メディアの刊行、教育事業の基軸にしてきた、マーケティング、広告・宣伝、広報、販売促進、クリエイティブの各領域で、新しい「仕事の基本」として刊行してまいります。

株式会社宣伝会議
代表取締役会長　東 英弥

013 はじめに

セールスプロモーションはデジタルでどう変わるか

019 第1章

セールスプロモーションとはなにか？その役割、特徴、効果

- 1-1 セールスプロモーションとはなにか？
- 1-2 セールスプロモーションの手段
- 1-3 マーケティング・マネジメントにおけるセールスプロモーションの位置付け
- 1-4 セールスプロモーションの特徴
- 1-5 セールスプロモーションの量的効果
- 1-6 量的効果のメカニズム
- 1-7 セールスプロモーションの質的効果
- 1-8 質的効果のメカニズム
- 1-9 デジタル時代におけるセールスプロモーションの変化
- 1-10 第1章のまとめ

039 第2章

セールスプロモーションの企画立案戦略

- 2-1 セールスプロモーションの企画立案戦略とはなにか
- 2-2 マーケティング・ミックスとプロモーション・ミックス、IMC
- 2-3 デジタル時代のSPをめぐる環境変化
- 2-4 第2章のまとめ

063　第3章

流通・小売のセールスプロモーションを知る（関連概念と理論の整理）

- 3-1　小売の特性と伝統的小売企業のセールスプロモーション
- 3-2　消費財メーカーのマーケティングと小売のマーケティング：STP-4Pモデルの再考
- 3-3　デジタル時代の小売のSP
- 3-4　デジタル1.0時代の小売のICT戦略
- 3-5　デジタル2.0時代の小売のICT戦略：CRM戦略
- 3-6　デジタル3.0時代の小売のICT戦略：オムニチャネルを中心に
- 3-7　第3章のまとめ

091　第4章

デジタル時代のセールスプロモーション事例：サントリー「角瓶」

- 4-1　サントリー「角瓶」のセールスプロモーション
- 4-2　デジタル時代におけるセールスプロモーションのポイント
- 4-3　サントリー「角瓶」のSP企画詳細
- 4-4　第4章のまとめ

111　第5章
売り場づくりのノウハウ

- 5-1　売り場づくりとは
- 5-2　セールスプロモーションにおける"売り場"の位置付け
- 5-3　売り場をプランニングする
- 5-4　売り場づくりのポイント　具体的になにをやるか
- 5-5　インストア・プロモーションのポイント
- 5-6　デジタル時代の売り場づくり
- 5-7　ECサイトの売り場づくり
- 5-8　第5章のまとめ

139　第6章
SPの効果測定（成果の指標と効果予測）

- 6-1　SPの効果測定とは
- 6-2　戦略と計画、効果測定
- 6-3　目的・目標の明確化　なにを効果とするか
- 6-4　SPの効果と分析
- 6-5　SP効果分析と品揃え診断
- 6-6　第6章のまとめ

159　第7章
デジタルで販促手法は
どのように変化したか

- 7-1　販促手法の変化と世の中の流れ
- 7-2　消費社会でメーカーが大きな力を持った時代の
　　　セールスプロモーション
- 7-3　デジタル時代初期の販促手法の変化
- 7-4　消費者の購買プロセスを把握する
- 7-5　第7章のまとめ

181　第8章

＜認知/共感～興味/関心～情報収集＞のステージでの販促手法

- 8-1　認知/共感～興味/関心～情報収集のステージでの販促手法とは
- 8-2　プロダクトサンプリング
- 8-3　モニタリング
- 8-4　デモンストレーション
- 8-5　チラシ、リーフレットとその配布方法
- 8-6　ネット系プロモーションメディア
- 8-7　オープン懸賞
- 8-8　プロモーションイベント
- 8-9　第8章のまとめ

205　第9章

＜購買欲求～比較検討～来店～購買＞のステージでの販促手法

- 9-1　購買欲求～比較検討～来店～購買のステージでの販促手法
- 9-2　クーポニング
- 9-3　クローズド懸賞
- 9-4　総付けプレミアム
- 9-5　価格プロモーション
- 9-6　POP（購買時点ツール）
- 9-7　カウンセリング
- 9-8　第9章のまとめ

227　第10章

＜継続購入〜顧客化〜共有/拡散＞のステージでの販促手法

10-1　継続購入〜顧客化〜共有/拡散のステージでの販促手法とは
10-2　ダイレクトメール（DM）
10-3　ポイントプログラム
10-4　メンバーシップ制度（会員組織）
10-5　コミュニティ運営
10-6　サービス制度
10-7　ソーシャルメディアのBUYボタン
10-8　第10章のまとめ

247　第11章

販売促進にともなう制作物

11-1　販売促進のメディアとツール
11-2　グラフィック系販促ツール
11-3　編集系販促ツール
11-4　購買時点ツール
11-5　映像系販促ツール
11-6　イベント及びイベント関連ツール
11-7　デジタル系販促ツール
11-8　プレミアム/ノベルティ
11-9　SPメディア
11-10 第11章のまとめ

271　第12章
セールスプロモーションにおける法務

12-1　セールスプロモーションの法務とは
12-2　SPの法務：三つの視点
12-3　最低限押さえるべき権利・法令
12-4　各セールスプロモーション手法に関する広告法務Q＆A
12-5　第12章のまとめ

300　おわりに
これからのセールスプロモーション業務

304　［引用・参考文献］

308　［執筆者一覧］

はじめに

セールスプロモーションはデジタルでどう変わるか

　デジタル化は私たちの生活に大きな影響を及ぼしています。企業間の取引や企業内の様々な情報がデジタル化されることによって、仕事のやり方が大きく変化してきました。さらに、デジタル化が業界の構造や競争のあり方を根本的に変えてしまうようなことも起こっています。たとえば、スマートフォンをプラットフォームとしてライドシェアするという相乗りサービスを提供するUberは、タクシー業界が担っていたビジネスの根底を覆すような影響を与えています。このような、デジタルを活用した革新的なビジネスの誕生が業界の構造を変えてしまうような例は、Uberのほかにも多くみられます。

　デジタル化は私たちの個人生活にも大きな影響を及ぼしています。ソーシャルメディアの普及によって個人間のコミュニケーションの方法が変容し、友人や知人との付き合い方にまで大きな変化をもたらしています。このほかにも、デジタル化が個人の生活に与えている数多くの影響を指摘することが可能です。

　それでは、デジタル化はセールスプロモーション（以下、SP）に対してどのようなインパクトをもたらしているのでしょうか。わかりやすい恩恵の一つとして、効率化とコスト削減が挙げられます。以前から用いられてきた紙のクーポンが電子化されたり、はがきで応募していた懸賞キャンペーンの応募方法が電子化されたりすることで、これまで人力で行っていた様々な作業が効率化されました。また、紙のクーポンを配布するためには、人手や配布媒体のコストがかかりますが、電子メールやアプリを通じて配布することで、そのコストを劇的に削減することが可能となります。

はじめに

　このような効率化とコスト削減という側面も、デジタル化がSPにもたらした恩恵の一つではありますが、より本質的な影響は、デジタル化による情報の量と質の向上に起因するものだと考えられます。デジタル化は、あらゆる情報の流通と蓄積を容易にしました。このことはＳＰにも大きな影響を与えています。たとえば、今日多くの小売企業が導入しているFSP（フリークエント・ショッパーズ・プログラム）[※1]の仕組みによって、会員顧客の購買履歴を詳細に把握することが可能となります。会員顧客の登録情報やクッキーを利用して捕捉されるWebサイトの閲覧履歴は、顧客の興味・関心を知るための膨大かつ有益な情報を提供してくれます。また、スマートフォンを利用することで、ユーザーの位置情報をリアルタイムで取得したり、メールやアプリを通じて顧客に送付した情報が開封されたか否かを把握したりすることも実施されています。

　このように、顧客やユーザーに関する詳細なデータを捕捉することは、SPのターゲティングの精度の向上につながります。冊子などを通じて一般消費者に配布される従来型のクーポンの利用率は、良くて１～２％だといわれています。これに対して、会員顧客の購買履歴を利用してターゲットを絞り込んで配布されるクーポンの場合、利用率が数十％になることもめずらしくありません。

　上記のような、情報を利用する比較的新しいSP手法の一つに、位置情報連動型クーポンがあります。これはスマートフォンを通じて取得される位置情報を利用し、特定の場所にいるユーザーに対

※1
データベースを分析して最適な販売戦略を図り、顧客を優良顧客へ育てるための施策。ポイントプログラムやマイレージなどが代表例。

して、近隣に存在する店舗などの電子クーポンを提供する仕組みです。従来は、取得することも利用することもできなかったユーザーの位置情報をSPのターゲティングに活用する。このことも、デジタル化がSPの世界にもたらした革新の一つです。

　プロモーションの効果検証の精度が向上することも、デジタル化がもたらす恩恵の一つです。伝統的な紙のクーポンを大量に配布するようなSPの場合、その効果を測定するとしても、せいぜい全体の利用率とクーポンの有効期間中とその前後の売上動向によって効果を測定するほかありませんでした。これに対し、たとえば先述した位置連動クーポンであれば、送付したユーザーのうちどれくらいの人が、どこでそのクーポン情報を開封し、そのうち何人がクーポンを利用したのかという詳細を把握することができます。このような情報を利用した詳細な分析結果を次の施策に活用することで、ターゲティングの精度をさらに向上させるというサイクルを容易に回すことができるようになります。

　SPの業務サイクルという考え方があります（このサイクルについては第6章に詳しい説明があります）。この用語は、SPを計画・実施・評価するという一連の業務サイクルを意味しています。この業務サイクルにはいろいろな考え方やモデルがありますが、その一つは、「現状分析〜計画策定〜実施〜評価〜データベース化〜現状分析……」というモデルです。上述してきたターゲティングの精度向上、効果測定の精度向上などのデジタル化がもたらす恩恵は、この業務サイクルを円滑に回すことに大きく寄与することになります。

　デジタル化はSPに関連する様々なデータの取得と蓄積を容易にし、データベースの質と量の向上に貢献します。また、効果測定の精度

が向上することは、実施したSPの結果を次の計画に適切に活かすことにつながり、このことがターゲティングの精度をさらに向上させるという好循環のサイクルを生み出すことになります。

このように、デジタル化はSPの業務サイクルが円滑に回転することに寄与するとともに、効率化やコスト削減にも寄与します。その一方で、適切なターゲットに対して低コストでSPを実施できるという、デジタル化がもたらす恩恵が、過度なSPの実施につながってしまうという危険性も指摘できます。ターゲティングの精度が高く効果的なSPを低コストで実施できることは、SPの実施に対する抑制が効かなくなる危険性を孕んでいるということです。特定の企業から、間断なくセールス情報を受け取る顧客は、その顧客にとって本当に価値のある情報に対しても反応しなくなってしまうかもしれません。

このことを回避するための基本的な姿勢は、送り手の都合ではなく受け手の立場でSPの内容、頻度、タイミングを選定するということを徹底することです。今日の企業は、SPを計画・実施するうえでデジタル化による多くのメリットを享受することができます。しかしその際には、上記のような危険性や副作用についても的確に認識しておく必要があります。

本書は、デジタル時代のセールスプロモーションを計画・実施するうえで知っておくべき理論と実践的知識について、それぞれの分野の専門家が解説したものです。セールスプロモーションには、デジタル化の有無を問わずに、おさえておくべき基本的な考え方があります。そのうえで、デジタル化によって生み出された新しい手法や動向もフォローする必要があります。本書ではそれらの双方について説明しています。

セールスプロモーションの理論、具体的な展開手法、そして効果測定から法務に至るまで、セールスプロモーションの実務に携わる実務家の方々が知っておくべき領域を幅広くカバーしていることも、本書の特徴の一つです。デジタル時代のセールスプロモーターの座右の書として、手元におくべき一冊として扱っていただけるのではないかと考えています。

　本書を通じて、セールスプロモーションに関する基礎的な理論と知識を把握していただくとともに、デジタル化がもたらす恩恵と留意点の双方を踏まえた今日のセールスプロモーションのあり方を学んでいただければ幸いです。

監修：早稲田大学商学学術院 教授

守口　剛

第1章

セールスプロモーションとはなにか？
その役割、特徴、効果

執筆：中央大学ビジネススクール（大学院戦略経営研究科）教授
　　　松下光司

1-1. セールスプロモーションとはなにか?

　消費者は、なんらかの買い物をする時、「セールスプロモーション」と呼ばれるマーケティング活動の影響を受けることが少なくありません。たとえば、夕食の食材を買いにスーパーマーケットに出かけた消費者のことを考えてみましょう。「値引き」の表示を伴った山積みの「特別陳列」に心を動かされ、買う予定のなかったお菓子に手を伸ばすことがあるかもしれません。また、ある時には、スマートフォンに配信されてくる「クーポン」をきっかけに、当日の献立を決めることがあるかもしれません。これらの例に含まれる、値引き、特別陳列、クーポンなどが、本書で扱うセールスプロモーションと呼ばれるマーケティング手法です。

　セールスプロモーション（以下、SP）とはなにかを理解するには、代表的なプロモーション手段である広告と対比することが有用でしょう[※1]。広告は、消費者が購入する理由を提示し、消費者の心の中に変化をもたらすことを目指しています。ブランドに対する認知度を高めたり、ブランドに対する好き・嫌い（態度）を形成したりす

※1
プロモーション（販売促進）は、広告、パブリシティ、人的販売、セールスプロモーションといった各手法を含む言葉です。しかし、このプロモーションという言葉は、本書が対象としているセールスプロモーションだけを指すこともあります。そのため、前者は広義のプロモーション、後者は狭義のプロモーションとして区別して呼ばれることがあります［守口2002］。なお、セールスプロモーションは、その語の頭文字をとって、SPとも呼ばれています。

ることが主な目的とされるわけです。一方で、SPの目的は、それとは対照的です。SPは、購入するインセンティブを提示することで、すぐさま購買に至らせるマーケティング手段として理解されています。そのため、SPは、「消費者や流通業者が、特定の製品やサービスの購入を早めたり、増やすことを意図した、主に短期的なインセンティブ・ツールの集まり」と定義されるわけです［Kotler and Keller 2012］。

　さて、SPは、消費者にとって、とても身近なものであり、実務において頻繁に実施されているマーケティング手段です。しかし、その馴染みの深さとは裏腹に、いくつかの理由から、SPの有効な展開方法を知ることは必ずしも簡単なことではありません。

　そこで、本章では、SP実務に携わるマーケティング担当者や、SPに関心がある初学者を念頭におきながら、SPの役割、特徴、効果をマーケティングや消費者行動の理論との関連から明らかにしていきます。そして、その議論に基づきながら、新しい時代のSPについて若干の考察を加えたいと思います。基本的な事項の理解があってこそ、「デジタル時代の新たなセールスプロモーション」の方向性が理解できると考えているからです。

第1章のポイント

☐ セールスプロモーションは、即効的に購入を促す短期的なインセンティブ・ツールです。
☐ マーケティング・マネジメント全体の中では、戦略的マーケティングや戦術的マーケティングと連動しながら、価値を伝達する役割を担っています。
☐ その特徴は、(1)手段の多様性、(2)短期即効性、(3)測定可能性、(4)到達容易性、として整理できます。
☐ その効果は、量的効果(購入の有無や購入数量への影響)と質的効果(ブランドの強さへの影響)によって捉えることができます。
☐ デジタル時代におけるセールスプロモーションの変化は、(1)セールスプロモーション手段のより一層の多様化、(2)セールスプロモーション効果が測定可能となる範囲の拡大、(3)到達する対象の個別化、として整理できます。

1-2. セールスプロモーションの手段

　最初に、SPには、どのような手段が含まれているのかを確認していきましょう。SPには、実に数多くの雑多な方法が含まれているため、全体像を整理するには、なんらかの分類枠を用いることが有用です。ここでは、実施主体と対象による分類を用いながら、いくつかの手段を紹介してみましょう[※2]（図表1-①）［守口2002；渡辺・守口2011］。

実施主体と対象によるセールスプロモーションの分類　　　　　（図表1-①）

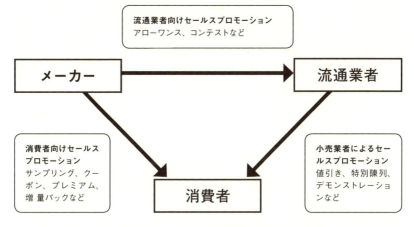

出典：守口剛［2002］『プロモーション効果分析』（朝倉書店）p.4を修正して引用

　第一は、メーカーが消費者に対して直接的に実施する「消費者向けセールスプロモーション」です。例としては、サンプリング（消費者に試供品を提供すること）、クーポン（特定商品の割引券、小売業者によって配布されるクーポンもあります）、プレミアム（おまけのこと、パッケージの内側や外側に添付されるものなど、いくつかの形があります）、増量パックなどを挙げることができます。

　第二は、小売業者が消費者に向けて行う「小売業者によるプロモーション」です。値引き、特別陳列（通常の陳列棚とは別の売り場に商品を陳列すること、棚の端に位置させるエンド陳列や通路中ほどの平台に什器をおく島陳列などがあります）、デモンストレーショ

※2
個別のセールスプロモーション方法の詳細については、渡辺・守口［2011］を参照してください。

ン販売（実演販売のこと）などがあります。

　第三は、メーカーが流通業者に対して行う「流通業者向けプロモーション」です。流通業者は特定のメーカーの商品の取り扱いや販売に対して必ずしも積極的でないことがあります。その時、そのメーカーとしては、流通業者に自社商品の品揃えを促したり、販売を動機付けたりする必要があります。それが、流通業者向けプロモーション（トレードプロモーション）です。チラシ広告や陳列を実施する際にメーカーの意図に沿って自社製品を実施してもらうこと（広告アローワンス、陳列アローワンス）、売り上げの達成度や特別陳列の見栄えを競うこと（販売コンテスト、陳列コンテスト）などがあります。

　なお、SPの類型には、このほかにもいくつか知られているものがあります。アプローチの方法による分類（店頭プロモーション、該当プロモーション、パッケージプロモーションなど）、訴求方法による分類（価格訴求型、情報提供型、商品体験型など）などを挙げることができます。全体像を理解するための目的に応じて、分類枠組みを使い分けていくことが重要でしょう。

1-3. マーケティング・マネジメントにおけるセールスプロモーションの位置付け

　次に視点を拡げ、SPがマーケティング・マネジメント全体においてどのような位置付けにあるのかを明らかにしていきましょう。コトラーとケラーによれば、マーケティング・マネジメントは、「優れた顧客価値を創造し、価値を提供し、価値を伝達することを通じて、顧客を獲得し、維持し、育成していく技術や科学」として見なすことができます［Kotler and Keller 2012］。それでは、そもそもの「価

値」とは、どのようなものなのでしょうか。価値とは、「顧客が得るすべてのベネフィット」と、「入手・使用・廃棄に関わるすべてのコスト」との差、として考えることができます[※3]。

例として、ある消費者が自宅近くのお店で中古の書籍を買ったことを考えてみてください。古本屋で購入した本は、汚れていたり、書き込みがあったりするかもしれません。つまり、書籍という製品から得られるベネフィット自体は、新品のそれと比べて低いものかもしれません。しかし、消費者によってはその古本から新品よりも多くの価値を得ていることもあります。なぜなら、多少は汚れていたとしても、新品よりも安く、また、中古の書店も家の近くにあり、手間なく入手できたのなら、新品よりも高い価値であると知覚される可能性があるためです。このことからもわかる通り、マーケティングは、製品だけにとどまらず、様々なコストまでも含めて考えることで、顧客にとっての価値を創造していく活動なのです。

マーケティングを「価値創造に関わる企業活動」として捉えると、マーケティングのプロセスは、価値の選択に関わる「戦略的マーケティング」、及び価値の提供や伝達に関わる「戦術的マーケティング」という二つの活動に分けて理解できます。前者においては、類似したニーズを持つ消費者グループを抽出し(マーケット・セグメンテ

[※3]
この点を、もう少し詳しく見ておきましょう。田村[2006]によれば、価値は、次の式で規定されます。すなわち、価値＝製品ベネフィット－ライフサイクル・コスト、となります。製品ベネフィットは、製品の性能、特徴、品質の機能的特徴やその使用過程などから生じるものです。ライフサイクル・コストとは、その製品の探索、購買、使用、廃棄など、消費者の製品に関わる全過程(ライフサイクル)から発生する費用です。そこには価格、買い物に費やす交通費や時間、保守維持費、廃棄費用などが含まれます。

ーション)、どのセグメントをビジネスの対象とするのかを決定します(ターゲティング)。そして、自社の製品やサービスの提供する価値を、他社よりも高く評価してもらうためのポジショニングを考える必要があります。この価値選択のステージは、セグメンテーション、ターゲティング、ポジショニングの冒頭の文字をとってSTPと呼ばれます。

続いて、後者の戦術的マーケティングにおいては、設定された標的とポジションをもとに、提供される価値がマーケティング・ミックスによって具体化されていきます。マーケティング・ミックスとは、企業がマーケティング目標を達成するために用いるマーケティング手段の集まりを指します。製品(Product)、価格(Price)、流通(Place)、そして、プロモーション(Promotion)という四つの手段に類型化され、それぞれの頭文字をとって、4Pと呼ばれています。「セールスプロモーション」は、マーケティング・ミックスの一つであり、広告、パブリシティ、人的販売とならんでプロモーション(販売促進)の中に位置付けられます。

さて、ここまでの説明から、マーケティング・マネジメントにおけるSPの位置付けとして、二つの点を確認することができます。第一に、「セールスプロモーション」は、戦略的マーケティングや戦術的マーケティングに含まれるほかの諸活動と分離したものではなく、それらと関連しながら価値創造に向けて計画、実行されるべきだということです。たとえば、SPを計画する際には、SPの目標を決める必要があります。具体的には、当該カテゴリーの新規顧客の開拓なのか、トライアルの誘発なのか、リピート購入やまとめ買いの促進なのかなどを決める必要があるわけです[渡辺・守口 2011]。これらのSPの目標設定は、いかなるセグメントを標的としているのか、市場に

おいていかなるポジションをとろうとしているのかといった戦略的マーケティングや、広告やチャネルといった戦術的マーケティングにおけるほかの活動と整合的であるべきなのです。

　第二に、セールスプロモーションは、マーケティング・プロセスの中で、標的とする消費者に対して価値を伝達する役割を担っているということです［渡辺・守口 2011］。この見方にしたがうと、SPが、なぜ即時的に購買を喚起できるかをより深く理解することができます。このことを、スーパーマーケットにおける値引きをともなう特別陳列の例を用いながら考えてみましょう。値引きをともなう特別陳列は、消費者に価格の低下という点からコスト低下をもたらしています。また、それに加え、目に付くところへの山積みの陳列は、消費者がブランドを探し出す手間（探索コスト）も省いているとも言えます。つまり、このSPは、支払い価格の低下に加え、探索の手間を省くことによって、消費者のコストを低下させ、商品入手の価値を一時的に向上させているのです。SPが、即時的に購買を喚起できることが多いのは、この一時的な価値の向上を効果的に伝えるためなのです[※4]。

[※4]
この見方に基づけば、セールスプロモーションは、ベネフィットかコストのうちのどちらか（あるいは両方）に働きかけることにより、価値を一時的に高める手段として見なすことができます。たとえば、「増量」というSPは製品ベネフィットを増加させる方法として捉えることができます。

1-4. セールスプロモーションの特徴

　次にSPの特徴を、代表的なプロモーション手段の一つである広告と対比しながら確認していきましょう［守口 2002; 渡辺・守口 2011］。まずSPには、非常に多くの種類が含まれるということです（手段の多様性）。サンプリングのように手軽に製品の体験を促す手段もあれば、プレミアムの懸賞キャンペーンのように、グッズなどの獲得機会を与えて購入の価値を高める方法もあります。組み合わせて実施することも可能であるため（値引きをともなう特別陳列等）、その多様性はより増加することになります。

　第二に、本章の冒頭でも述べたように、SPは即時的な購買を喚起することができます（短期即効性）。SPは消費者に対して直接的に働きかけることで、一時的な価値の向上を図り、結果として購買行動を引き起こすことを可能とするのです。

　第三に、行動レベルで効果が現れるため、効果の測定が比較的容易であるといえます（測定可能性）。広告は認知度や態度の変化といった、消費者の心の内の変化でその効果を捉えることが少なくありません。しかしSPは購入という行動面に対して即効的に効果が現れるので、その把握はダイレクトでシンプルです。

　第四に、設定したターゲットを狙い撃ちして、直接的に到達することが可能です（到達容易性）。たとえば広告によって、自社ブランドの既存ユーザーのリピート購買を狙ってメッセージを届けようと思っても、それは容易なことではありません。しかし、パッケージにクー

ポンが付与されていれば、継続購買を促進することができます。

1-5. セールスプロモーションの量的効果

　先に述べたように、SPの効果は売り上げという数値で現れるため、確認すること自体は難しいことではありません。しかし、その効果を総合的に把握し評価するためには、より深い理解が必要です。ここでは消費者がSPの影響を受けて購入するのか、いくつ購入するのかといった側面に関する効果を「量的効果」と呼び、その源泉を把握していきましょう。

　SPの実施が期待した通りの成果を生めば、実施期間中の売り上げは上昇します。しかし、その量的効果を捉える期間を実施終了後まで広げてみると、どのような評価ができるでしょうか。(図表1-②)の例では、SP実施後においてその売り上げは落ち込んでいます。全体としてみればSPが売り上げに与える貢献は、ほとんど見られなかったといえるのです。これは、需要の「先食い」と呼ばれる現象です。同じ店舗で販売している競合品にまで目を向けて、量的効果を捉えるとどうでしょうか。(図表1-③)では同じカテゴリー内にある競合商品の売り上げが、大きく減少しています。これは、「共食い」と呼ばれる現象です。共食いが起こった場合、カテゴリー全体の売り上げはまったく変わらないため、流通業者の立場からみればSPを実施した意味があまりないといえるのです。

　このようにSPの量的効果を評価するためには、より長期的で多面的な視点を含めながら、その量的効果がどこからもたらされたのかを検討することが重要となります。

先食い現象の例 （図表1-②）

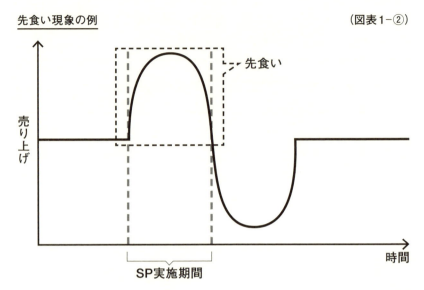

出典：渡辺隆之・守口剛［2011］『セールス・プロモーションの実際　第2版』（日経文庫）p.156を引用

共食い現象の例 （図表1-③）

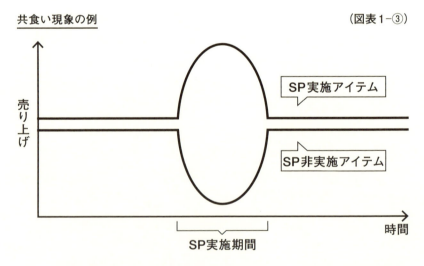

出典：渡辺隆之・守口剛［2011］『セールス・プロモーションの実際　第2版』（日経文庫）p.156を引用

1-6. 量的効果のメカニズム

　次に量的効果が生じるメカニズムを、より詳細に整理しておきましょう。ある特定のアイテムの売り上げが上昇した時、三つの源泉を想定することができます［渡辺・守口2011］（図表1－④）。

　第一は、消費パターンの変化によるものです。SPによってたまたま購入した飲料を冷蔵庫にストックした時、「その飲料を飲むことが習慣化して、購入し続けること」が例として想定できます。このような消費パターンの変化は、長期的な需要の拡大につながるという意味で、望ましい効果であるといえます。しかし、量的効果の源泉はこれだけではありません。

　第二は、購入パターンの変化によるものです。これには、二つのパターンを想定できます。一つ目は、スイッチによるものがあります。たとえば、「あるビールが値引きされて販売されていたため、消費者がいつも購入しているビールから変更する場合（ブランドスイッチ：共食い）」、「いつもはカクテルを買っている消費者が、そのビールを買う場合（カテゴリースイッチ）」などを考えることができます。さらには、「安売りを目当てにそのお店に来て、そのビールを買う」消費者もいるかもしれません（店舗スイッチ）。二つ目は、購入の前倒しによるものです。これは、一時的に一購買機会あたりの購入量が変化することを指すものです。「買おうと思っていたインスタントラーメンの安売りを店頭で目にして、それをまとめ買いした場合」、あるいは、「その日には買うつもりはなかったが、前倒しで買ってしまった時」がこれに当たります。このパターンは、家庭内のストック増加につ

ながるため、先食いの現象を引き起こすことがあります。

　購入パターンの変化はそれが原因となり、消費パターンの変化までを引き起こすことがあります。先に例示したように、飲料の家庭内ストックの増加が、飲料の消費シーンに変化を引き起こすことがあるのです。したがって、量的効果を長期的な視点で把握して評価するためには、購入パターンと消費パターンの関係にも注意を払う必要があるわけです。

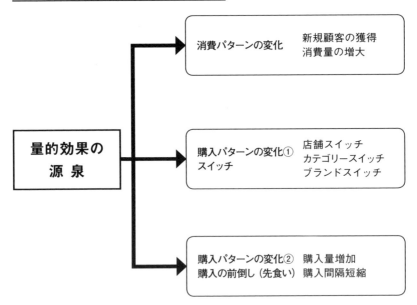

セールスプロモーションの量的効果の源泉　　　　　　　　　（図表1-④）

出典：渡辺隆之・守口 剛［2011］『セールス・プロモーションの実際　第2版』（日経文庫）p.165 を修正して引用

1-7. セールスプロモーションの質的効果

　SPの担い手は、量的効果だけに注力することはできません。なぜなら、この基本的な役割に加え、SPの実施がブランドの強さ（ブランド・エクイティ）［Keller 1998］※5に影響を与えることが知られているからです。たとえば、低価格プロモーションがブランドの価値を低下させることは、マーケティングに携わる実務家によく知られた知見です。「一時的な価格の切り下げ」は、消費者の購買行動に即時に影響を与えることができます。しかし、それにばかり過度に依存すると、ブランドを安っぽい物として見せてしまい、ブランドイメージが損なわれてしまうというわけです［Aaker 1991］。また、逆にSPには、ブランドを強化するものもあります。たとえば、プレミアムを提供するプロモーションについてはよく知られているところです。米国の事例として、「アメリカン・エクスプレスがカードのメンバーに対し与えている革ひものネームタグ」、「ラルフ・ローレンがポロの購入者に与えるタオル地のローブ」などがブランド強化に寄与するSPとして挙げられます［Aaker 1991］。

　このようにSPは、前節で説明したような量的効果だけではなく、ブランドの強さに対しても影響を及ぼします。したがってSPの担い手は、短期的なセールスに対するインパクトと同様に、長期的な

※5
Keller［1998］によれば、顧客ベースのブランド・エクイティは「消費者の持つブランド知識が当該ブランドのマーケティング活動に対する消費者の反応に及ぼす効果の違い」として規定されます。

ブランド・エクイティに対する効果を考慮すべきなのです [Kotler and Keller 2012]。ここでは、SPがブランドの強さ（ブランド・エクイティやその他ブランド関連の心理的変数）に与える影響を「質的効果」と呼ぶことにしましょう[※6]。

1-8. 質的効果のメカニズム

それでは、次に質的効果が現れる基本的なメカニズムを明らかにしていきましょう。この点を議論する前提として、まずは「ブランドの強さ」とはどのようなものかを、消費者行動の観点から確認しておきます [Keller 1998]。食品、飲料、日用雑貨を購入する消費者は、「この前に買ったお菓子はおいしかった。だから今回も同じブランドのものにしよう」という心理で購入対象を決めることが少なくありません。このような時、消費者はブランド・ネームやパッケージなどを手がかりとすることによって、あるいは製品へのニーズをきっかけとして記憶の中から過去の経験（ブランド知識）を取り出すことによって、購買の対象を決めているとみることができます [Keller 1998]。

ブランドに対する好き・嫌いの判断をその都度せずに購入対象を決めるこの種の購買のパターンは、安価な日用品などを購入する消費者によくみられるものです。実はこのような記憶に基づいて購入

[※6]
なお、渡辺・守口[2011]では、売上増の源泉を把握することを、質的効果の把握と呼んでいます。本章における「質的効果」という用語とは異なるので注意してください。

対象を決定するパターンこそが、ブランドの強さの源泉にほかなりません［Keller 1998］。したがって、あるブランドが「強いブランド」であるためには、消費者がそのブランドに対して保持している過去の経験（ブランド知識）の内容や構造が、記憶の中からスムーズに取り出されるような形（強く、好ましく、ユニークなブランド知識）となっていることが極めて重要なポイントとなるのです。

　この考え方に依拠すると、質的効果は、SPによって喚起されるブランド知識の構築・変容プロセスとして理解できます。つまりSPの影響を受けることで、消費者の記憶内のブランド知識が変化し、その結果としてその後の購買にそのブランド知識が使われやすくなったり、使われにくくなったりするというプロセスです。もちろん、店頭においてあるお菓子のブランドの特別な値引きを見たからといって、即座にそのブランドについての知識（このブランドはおいしかった、このブランドが好きだ、パッケージが可愛いなどの連想の集まり）が変化してしまうとは限りません。このことが示唆するのは、「ブランド構築に有効なのはこのSPだ」という一義的な理解をしてもあまり有用ではないということです。それよりもむしろ、「多様なSPによって、ブランド構築がなされるのはどのようなメカニズムなのか、それはいかなる条件なのか」を理解することが重要となります[7]。

※7
質的効果が生じるメカニズムについては、守口・鶴見［2004］、松下［2014］を参照してください。

1-9. デジタル時代における セールスプロモーションの変化

　最後にデジタル時代において、SPにいかなる変化が生じるのかを確認してみましょう。第一にデジタル化によって、SP手段の多様化に拍車がかかることです。先に述べたように、SPには、実に多種多様な手段が含まれています。デジタル化が進展することで、その多様性に拍車がかかることになるはずです。たとえば、クーポンを考えてみましょう。従来、紙媒体で行われていたクーポンは、デジタル化によって、その種類を増やしています。ネット上の共同購入型クーポンや、位置情報連動型クーポンなどはその例です。

　第二に、効果の測定が可能となる範囲が広がります。SP効果の測定可能性は、デジタル化以前にも高いものでした。デジタル化が促進されると、測定できる範囲が格段に広がるはずです。たとえば、メールによって値引きプロモーションが送付される時、「消費者がどの値引きアイテムに関心を持っているのか」は、メール上のどのアイテムをクリックしたかによって把握できるはずです。つまり、注目や興味など行動に至る前の段階までも、測定できるようになります。また、データベース化が促進され購買履歴データなどと併せることで、行動レベルの効果もより時系列的で多面的に把握することが可能となるはずです。

　第三に、SPが到達する対象がより個別的になるでしょう。同じくクーポンの例でいえば、特定の購買履歴を持つ消費者を標的としながら、値引き商品や値引き幅を決定することが可能となります。よりピンポイントなSPが実施できるのです。

デジタル時代におけるセールスプロモーションの変化　　　　　　（図表1-⑤）

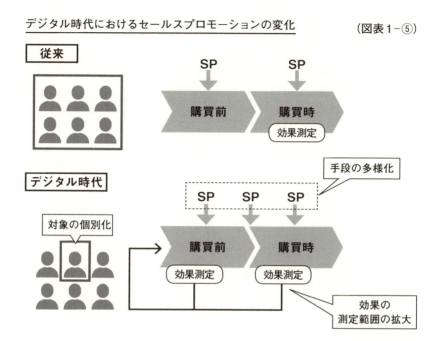

出典：著者作成

1-10. 第1章のまとめ

　最後に本章のまとめとして、デジタル時代のSPの担い手に求められる視点を整理しておきましょう。本章の冒頭で述べたように、SPは頻繁に実施されるマーケティング手段ではあるものの、その有効な実施方法を知ることはそう簡単なことではありません。その理由はこれまで見てきたように、非常に多くの手段が含まれるばかりか、その効果の源泉にも多様なものがあり、単純な理解は難しいためです。さらにいえば、前節で述べたようにデジタル時代になり、SPは間違いなく複雑さを増しています。その有効な方法を見極めることは、これまで以上に困難となるでしょう。

　このような状況においてSPの担い手に求められることは、どのようなことなのでしょうか。ここで強調しておきたいのは、消費者行動やマーケティングの理論的な考察に基づいて、有効なSPのあり方を理解することの重要性です。多少回り道に思えるかもしれませんが、新しいSP手段に関するノウハウを個別に追いかけるのではなく、SPの理論を理解することです。変化の激しいデジタル化の時代だからこそ、簡単には陳腐化しない道具を身につける必要性があるのではないでしょうか。

<了>

第2章

セールスプロモーションの企画立案戦略

執筆：日本大学商学部 准教授
金雲鎬

2-1. セールスプロモーションの企画立案戦略とはなにか

　店頭POP、チラシ、特別陳列、値引き、イベントなど、伝統的セールスプロモーション（以下、SP）には、短期的に「売り上げ」の数字を伸ばす目的で、消費者へ「一方的」に情報を伝達するイメージがあります。従来のSP研究では、（正の効果に注目する研究もありますが）SPを実施することでブランドが弱くなる、消費者はSPを実施する時しか買ってくれない、SPは需要予測が難しいために在庫管理のオペレーションが困難になるなど、負の効果にのみ焦点を当てた研究が少なくありません。

　戦略とは、競争・技術・需要など環境要因の変化と、調達可能な内・外部資源を総合的に考察しながら資源を調達・配分し、目標を達成するための道筋を立てて実行することです。そのため戦略思考には、「長期的」で「総合的」な視点が求められます。戦略的視点が欠如したまま実施されるSPには、顧客満足やブランド構築のように成果に長い年月が求められるものを期待することは難しいでしょう。さらに短期的SPは模倣されやすいために、単なる価格競争の手段に落ちてしまう場合もあります。この状況においては、収益性の改善は見込みにくいはずです。

　ところがデジタル技術を活用したSPには、顧客との間で双方向のコミュニケーションを促進し、顧客ロイヤルティやブランド構築、収益性改善にも貢献するポテンシャルがあります。第2章と第3章では、この点に注目することで、デジタルSPが長期的な競争基盤の構築に貢献する可能性を提唱していきます。この目的を達成するた

めに、以下の四点に注意しながら記述していきます。

①マーケティング・ミックスとプロモーション・ミックス、そしてIMCを概観する
②デジタル時代を三つに区分する
③SPを巡る環境変化に注目する
④SPの制約条件を考える

　第一にSPを見るだけで、戦略の企画・立案に必要な総合的視点を得ることは困難です。マーケティングにおいて総合的視点を持つことを推奨する概念の中には、マーケティング・ミックスやプロモーション・ミックス、そしてIMC（Integrated Marketing Communication）が含まれます。本文ではこれらの概念が、SPとどのような関連性があるかについて紹介していきます。

　次にデジタル時代を、三つの時代に区分します。SPを捉えようとする際、コミュニケーション性質の変化を理解することが最も重要ですが、デジタル技術の普及がもたらす新しいタイプのコミュニケーション性質は一様ではありません。一方向だけでなく、双方向のコミュニケーションもあるのです。また匿名を前提とするコミュニケーションや、実名でのコミュニケーションを行う場合もあります。そのため、デジタル時代におけるSPを企画・立案する際には、コミュニケーションの性質を的確に把握することが求められるのです。

　また環境変化及びSP実施における制約条件についても触れていきます。マーケティング課題は、技術、需要、競争、流通の四つの環境要因の変化によって生まれることが多いといわれています。環境変化は、機会と同時に脅威や制約を企業に与えます。そのために

環境変化と制約条件が、デジタル時代においてどのように変化してきたかを考察する必要があるのです。

第2章のポイント

- □ マーケティング・ミックスとプロモーション・ミックス、そしてIMCを概観する。
- □ デジタル時代を三つに区分する。
- □ SPを巡る環境変化に注目する。
- □ SPの制約条件を考える。

2-2. マーケティング・ミックスとプロモーション・ミックス、IMC

マーケティング・ミックス

　マーケティング・マネジメント論（いわゆるSTP-4Pモデル）の考えについては、すでに前章でも記述されているため、ここでは必要に応じて簡単に触れることにします。BtoC、つまり最終消費者を顧客とする場合の企業のマーケティング意思決定は、以下の（図表2-①）のようにまとめることができます。

　競合業者と顧客の集合である市場を捉えるために、企業は（図表2-①）のように、計画段階（STP）と実施段階（4P）でマーケティング活動を行います。これらの活動が計画通りに実施されて顧客に評価された場合、市場にブランドという資産が構築されるのです。

ブランドが構築されることは、市場に「独占的」競争状態が構築されることを意味します。独占的状態であれば、競合他社の値下げ攻勢に巻き込まれないで収益を出すことが期待できます。

（図表2-①）の計画段階に、C（製品コンセプト）を入れていることに注目してください。市場細分化（S）がターゲット設定（T）のために行うものであるなら、ポジショニング（P）は製品コンセプト（C）開発のために行うものです。製品コンセプトが決まると、その後のマーケティング活動の方向性も決まります。実施段階における4P活動は、製品コンセプトを徹底して実現するものでないといけません。この製品コンセプトが4P活動を経て、企業の計画通りに顧客に伝わり評価された時、市場にブランドが構築されます。

マーケティング・マネジメント論（STP-4Pモデル）の概念図　　　（図表2-①）

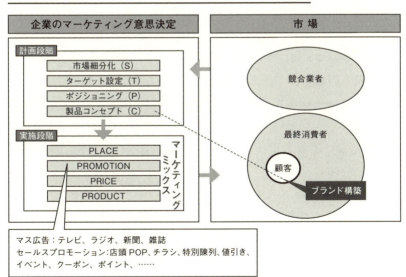

出典：著者作成

ターゲット設定と製品コンセプトづくりを終えた後、4Pさえ揃えればマーケティングがうまく行くわけではありません。「製品コンセプトを軸に、4Pに一貫性を持たせて統合的に管理すること」、これがマーケティング・ミックスの条件になるのです。

プロモーション・ミックス

　マーケティング・ミックスと同じ観点に立ちながら、その対象を4Pの中のプロモーション活動に絞ったものがプロモーション・ミックスです。一つひとつのプロモーション活動を、ターゲット顧客と製品コンセプトとの整合性を守りながら進めることで、マーケティング・ミックスの実現に近づけようとします。

　プロモーション・ミックスにおいて、もう一つ重要なことは、メッセージとメディアを組み合わせることです。メッセージとは製品コンセプトであり、メディアはテレビや雑誌、新聞、インターネットのように、そのコンセプトが載る媒体を指します。「ターゲットが同じであるなら同じ媒体で十分」、と思う人がいるかもしれません。しかし、同じターゲットの中でもテレビをあまり見ない人もいれば、よく見る人もいます。テレビCMの効果がいくら大きいとはいえ、そもそもテレビを見ない消費者にはメッセージが伝わらないのです。

　相手に対する気持ちを、カレーライスのように料理をつくることで伝えることもできれば、言葉で表現することもできます。その言葉を手紙にするか、電話にするか、会って直接話すかによって、同じ相手であっても感じるものは異なるかもしれません。そのために、同じメッセージを異なるメディアに載せることが、必要になります。

ICT（Information and Communication Technology）の発達は、SPに活用可能なメディアが増えることを意味します。スマートフォンやソーシャルメディアをプロモーション・ミックスに加えることによって「同じ顧客に対して」、「同じメッセージを」、「より多様な手段で」、「よりリアルタイムで」送ることができるようになりました。ICTの発達はSP手段の量的増加のみではなく、SPの質的変化ももたらします。それが一方向コミュニケーションから、双方向コミュニケーションへの転換といえるのです。

IMC（Integrated Marketing Communication）

ここまでは、広告などのマスメディアを使って、メーカーが直接かつ一方的に消費者に働きかける局面について見てきました。しかし、企業のプロモーション活動には、小売など商業者を介して行う場合もあります。小売を経由して行うSPには、値引きやポイント付与のような価格プロモーション型もあれば、店頭POP設置や特別陳列のように非価格プロモーション型もあります。

メーカーが流通業者を通じて販売したり、消費者とコミュニケーションを行ったりすることを、メーカーのチャネル政策とも呼びます。生産者と流通業者との間では、常に相互作用があり、修正・補完しながらプロモーションを進めるために双方向コミュニケーションが行われています。しかしメーカーが流通業者を経由して行う消費者とのコミュニケーションは、一方向で終わることがほとんどではないでしょうか。この生産者と消費者との間の、一方向コミュニケーションに警鐘を鳴らしたのが「IMC」です。

2タイプのプロモーション活動とコミュニケーション　　　（図表2-②）

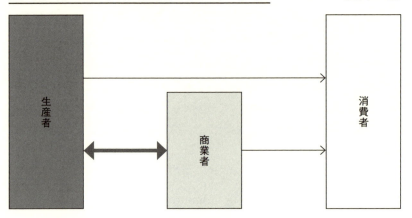

出典：著者作成

　ノースウェスタン大学のシュルツ氏によって提唱されたIMCは、プロモーション・ミックスの考えに似ているところが多くあります。シュルツ氏は、それまでに広告やPR、SPのようなプロモーション活動が、整合性を担保しないまま実施されてきたことを指摘したうえで、バラバラに考えられてきたコミュニケーション手法を、「消費者の立場」から「統合」することを提案しましたSchultz et al.,［1992］。「消費者の立場」や「統合」の発想に関しては、前述したマーケティング・ミックスやプロモーション・ミックスの考え方と大きな違いはないように思われます。しかし、IMCの考え方がプロモーション・ミックスと決定的に違うのは、消費者との間で「購買行動のプロセス全般にかけて」、「双方向コミュニケーション」を志向していることです。

　これまで（図表2－①）を用いながら、STP-4Pモデルを概観してきました。もしかしたら、STP-4Pモデルも双方向コミュニケーションを志向しているものと、理解されている方がいるかもしれません。しかし同モデルは、「市場情報を収集して、計画を立てて、実行する」

ことを不特定多数の消費者向けに繰り返して行うことを想定しています。双方向コミュニケーションというよりは、一方向コミュニケーションを繰り返して行うものです。この点がSTP-4Pモデルの特徴でもあり、限界でもあります。

　そのために生産財市場のように、BtoBにおいて営業スタッフが顧客との間で相互作用を行いながら提供物の価値をつくっていくようなメカニズムは、STP-4Pモデルでは説明が難しく、この局面を解決する目的で提唱された理論が、相互作用モデルともいわれる「関係性マーケティング理論」です。大雑把ないい方になりますが、世の中にあるマーケティング現象の中でSTP-4Pモデルを使って説明できるのは、不特定多数の消費者から顧客を創造・維持しようとする場合のみと考えたほうがいいかもしれません。ICTの発達は、マーケティング・ミックスやプロモーション・ミックスの限界といわれてきた一方向コミュニケーションを克服して、IMCが理想とするコミュニケーションを実現する可能性があるのです。

2-3. デジタル時代のSPをめぐる環境変化

　企業の戦略立案のようなミクロ現象を捉えるためには、その背後にあるマクロ現象に関連した知識が欠かせません。ここではデジタル時代といわれるものを、市場情報量の観点で区分していきます。デジタル時代を1.0〜3.0で分類することは珍しい観点ではありませんが、本章では市場情報量の増加が時代ごとに加速的に増える点に注目したいと思います。2010年からビッグデータに関心が集まった理由も、予想をはるかに超えて増える市場データに対する、ショッ

クの表れともいえるでしょう。時間を横軸、市場の情報量を縦軸にした場合、（図表2-③）のように表現できますが、ここからは時代ごとになにが、どのように変わったかを記述します。

デジタル1.0：ネット時代が始まる

　1990年代半ばになると、インターネットが企業だけではなく消費者にまで普及しました。この時代のコミュニケーションには、アナログデータがデジタル化されることにより、「大量」の情報が「早く」て「正確」に交換できるようになったことに特徴があります。企業側は消費者に対して、より多くの情報をより低費用で提供できるようになりました。また消費者側も情報収集においてネットを活用し、多くの情報を手軽に収集することが可能になったのです。

　消費者の情報収集手段が従来のメディアからネットまで増えたこと、そしてネットの場合は、情報の流れを恣意的にコントロールすることが難しいという特徴のことを、「ネット民主化」と表現されはじめたのもこの時代です。新しいコミュニケーション手段の登場は、様々なビジネス機会を生み、ECなど、新しいビジネスモデルが胎動した時期でもあります。

　企業間においてもインターネットが活用されるようになりました。その代表例がサプライチェーン・マネジメント（以下、SCM）です。POSシステムによって小売店頭に集まる顧客情報は、小売企業の在庫や商品管理の効率を高めるだけでなく、EDI(Electronic Data Interchange)を媒介してサプライヤーと共有されます。それによって物流、供給、そして生産効率までを高めるSCMへの関心と期待が高まりました。

この時代に企業と消費者間（BtoC）、企業間（BtoB）におけるコミュニケーション効率が高まったのは確かですが、企業と消費者間の情報は、企業側から消費者へ一方的に流れていました。

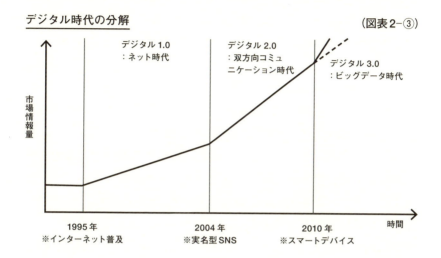

デジタル時代の分解　　　　　　　　　　　　　　　　　（図表2-③）

出典：著者作成

デジタル2.0：一方向から双方向コミュニケーションへ

　明確な時代区分は難しいのですが、およそ2004年頃から、情報の流れが一方向から双方向にも流れるようになってきました。その代表的現象がCRM（Customer Relationship Management）とソーシャルメディアの普及です。

① CRM

● CRMの考え方
　2000年代に入ってから市場縮小やコモディティ化などの市場成

熟化がさらに進みます。市場縮小によって企業間競争が激しくなり、コモディティ化による価格競争も激化していました。この状況を打開するための方策の一つとして、ICTを活用し、既存顧客との関係を維持・強化することで、同一顧客との間で長期にわたりSOW (Share of Wallet : 顧客が購入した特定の商品群の購入金額に対する自社商品の割合) を高めようするCRMの概念が注目されたのです。

　CRMの考え方は、以下の (図表2－④) のようにまとめることができます。ICTを活用して顧客データを集め、このデータを分析して顧客を選別すると同時に、顧客特性を把握します。企業の財務成果にあまり貢献しないと予想される、非優良顧客に対するサービスの質を下げ、優良顧客にはカスタマイジングされたサービスを提供することで、効率よく優良顧客の満足度を高めます。その結果、顧客との強固な関係が築かれ、ロイヤルティが高まるのです。この関係は競争優位を築くための土台になると同時に、企業側に長期にわたる収益をもたらすことが期待されます。

CRMの考え方　　　　　　　　　　　　　　　　（図表2-④）

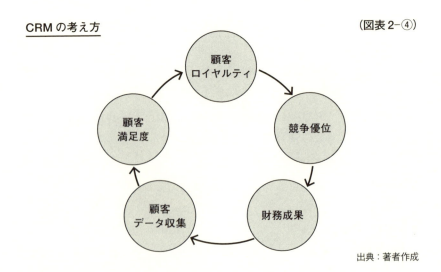

出典：著者作成

1990年代後半からすでにOne-to-Oneマーケティングが注目され、CRM研究も蓄積されていましたが、2005年にマーケティング研究分野で世界最高峰といわれるジャーナル（Journal of Marketing）にCRM特集号が組まれてからは、CRMへの関心がさらに高まりました。日本でCRMが普及したのも、2000年代半ばのことです。CRM活動が顧客満足やロイヤルティを高めることについては、多くの研究者によって実証されています。しかし、財務成果の改善に貢献した事例はあまり多くないのが現状であるため、CRMに関心ある読者は財務成果とのリンクについて注意が必要です。さらにこのCRMの注意点は第3章で詳述する「オムニチャネル」を捉える際にも欠かせない視点になることも合わせて強調しておきます。

● **CRMの考え方の注意点及び制約条件**
　CRM実証研究の中には、前述のようにCRM実施が財務成果に貢献した結果が発見された研究もあれば、Mägi［2003］やSchumann et al.［2014］のように、「そうでない」、または「どちらとも言えない」との結果を提示した研究もあります。CRM実施と財務成果との関連性について異なる見解が出ている理由として様々な要因が考えられますが、ここでは根本的なことを指摘しておきます。それはCRM概念の普及に関することです。

　本来、CRMとはBtoBにおいて、ITを活用して顧客適応化を効率よく実施することを目的に考案された概念です。BtoB業界以外では、航空業界で初めて採用されましたが、航空業界での成功事例が話題になり、またたく間にほかのサービス業界や小売業界、そしてBtoCメーカーまで広がった経緯があります。

　BtoBにおいては一般の消費者ではなく企業を顧客とするため、

一回の取引における販売単価や販売ロットサイズも大きくなります。そのためにBtoCに比べて、CRM投資費用に見合う売り上げが期待できます。BtoCにおいては、航空業界とその他業界との間でビジネスモデルや顧客とのコミュニケーションの性格に違いがあります。決定的違いは「複雑性」にあると考えられます。

航空業界が顧客に提供する商品は、「目的地までの移動」です。そして移動距離や購買金額に合わせて、顧客に「マイレージ」を提供します。航空業界における企業と消費者との間は、取引される商品やコミュニケーションが非常にシンプルであることがわかります。シンプルだからこそコミュニケーションがしやすくなり、オペレーションしやすいのです。このシンプルさはオペレーションコストのみではなく、組織内部でのコーディネーションコスト節減にもつながります。

したがって、他業界（BtoB業界や航空業界）で成功したことを形式的に採用するよりも、業界特性を十分に考慮したうえで活用することが大切であることに注意してください。

②ソーシャルメディア

●日常のコミュニケーションがWeb上で行われる

2004年頃を境に、ソーシャルメディアが急激に成長しました。この時代に入ると商品の評判をネットに書き込む消費者が増え、クチコミ情報が消費者の購買意思決定に影響を与えるようになります。またブログのようなソーシャルメディアの登場は、企業側と消費者がネットを通じてコミュニケーションすることを可能にしました。この時代における一つの特徴は、企業と消費者間に双方向コミュニケーションが行われるようになったことです。この性質は、Web2.0と

も呼ばれるようになりました。

　この時代に注目したい現象の一つが「知り合い同士」をベースとするユーザー間コミュニケーションが増えたことで、その代表例がfacebookです。facebookの特徴は、主に「知り合い同士」のコミュニケーションを、ネットを利用して簡単にできるようにしたことです。ユーザー間においてYouTubeや2ちゃんねるなど、匿名を前提にしたコミュニケーションが主流だった時代に、知り合い同士のコミュニケーションが広がることは以下の二点において重要な意味を持ちました。

　一つ目は実名をベースとするために、情報の信頼度が高まること。二つ目は情報共有や娯楽のみではなく、「日常」がコミュニケーションの目的と内容に加わるようになったことです。匿名コミュニケーションでは共通の関心事が話題になることが多いものですが、実名コミュニケーションでは、共通の関心事のみでなく日常の些細なことも話題になります。日常の話は、友達同士から家族へと会話の輪が広がっていきます。その結果、ネットにおけるデジタル化された情報の量はさらに増えることになるのです。

　実名コミュニケーションを支援するソーシャルメディアが増えることによって、Web利用者もWeb利用時間も増えます。ソーシャルメディアをSPに加えることによって、同じ顧客との接点をさらに増やすことができるでしょう。また顧客との間で双方向コミュニケーションを行う環境が整ったため、前に述べたプロモーション・ミックスの限界（一方向コミュニケーション）を解決してIMCの目的を実現する可能性が高くなりました。

●ソーシャルメディアを活用する際の注意点及び制約条件

たしかにSPにおけるソーシャルメディアの活用は、非常に魅力的な方法です。第1章でも紹介したように、デジタル時代にはプロモーション活動の効果の測定が可能となる範囲が広がるメリットがあるからです。さらにソーシャルメディアの運営には、マスメディアに比べて費用がかからないとの見解もあります。

ところがソーシャルメディアをSPで活用する際には注意点も多く、複雑性の問題が最も大きな課題です。ソーシャルメディアの多さは、SP実務者に選択とマネジメントの難しさをもたらします。さらにその複雑さは、メディア間の広告効果測定の難しさという課題を提示します。SPにソーシャルメディアを活用する企業は、facebookやYouTubeなど、複数のソーシャルメディアを使うことが一般的です。複数のソーシャルメディアを経由しながら購買意思決定を行う消費者の場合、どのメディアに効果があったかの判断が難しくなります。現状では広告費の配分における意思決定が難しく、またソーシャルメディアは、新企業や新サービスが次から次へと登場する業界でもあります。今後は複雑性の問題が、さらに顕著になることが予想されています。

デジタル3.0：ビッグデータ時代の到来

ビッグデータに対する関心が高まっていますが、ビッグデータは一時的現象に過ぎず、近いうちにバブルのように消えていくと見る向きも少なくありません。まずこの疑問への答えを考えながら、ビッグデータの定義、そして誤解されやすい点などを記述していきます。

● ビッグデータは今後も市場に影響を与える

　繰り返しになりますがマーケティング課題は、技術、需要、競争、流通の四つの環境変化によって生まれることが多いといわれています。たしかに、これらのいずれかに変化が起こると、企業側は対応を迫られることになります。「企業が変化にどのように対応すべきか」という問題を考える際には、以下の（図表2-⑤）のように思考することができます。まず、環境要因間（技術、需要、競争、流通）において、新しい変化がほかの環境要因をどのように変えるかを考えましょう。同時に環境要因が、どのようにマーケティング課題を生むかを考えます。さらにこの課題を解決するために、企業は組織をどのように変えるべきかを検討します。この視点は、環境変化に対応するための戦略企画・立案、そして組織づくりを考える際に参考になるはずです。

マーケティング課題の発生要因　　　　　　　　　　　　（図表2-⑤）

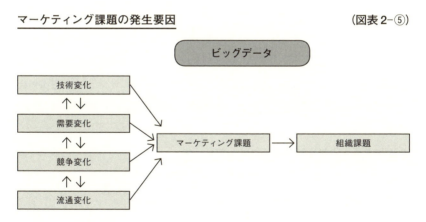

出典：著者作成

次にビッグデータが「どのように新しいマーケティング課題を発生させるのか」を考えるために、以下の（図表2－⑥）を参照してください。

デジタル化された情報は、2010年を境にさらに増え始めます。その背後にはスマートフォンなどの、スマートデバイスの普及があります。スマートデバイスが持つ特徴の一つは、消費者が端末を常に携帯するところです。デジタル2.0時代までは、主なネット使用環境はPCでした。それが、2010年の世界レベルでのスマートデバイスの普及を境に、PCからモバイルに移行するようになったのです。帰宅してからインターネットに接続していた消費者が、帰宅途中の電車の中でも、お店でもネットとつながっているようになりました。寝る時に腕時計を外すことがあっても、携帯電話、特にスマートデバイスは消費者の半径1m以内から一日中離れることがありません。

スマートデバイスのGPS機能を利用すると、消費者の位置までもがリアルで把握できます。この状態はスマートデバイスを経由することにより、消費者と「リアルタイム」でコミュニケーションを行うことが可能になったことを意味します。このコミュニケーションの速さが、消費者の購買意思決定プロセスの前後ではなく、「消費者購買意思

消費者購買意思決定プロセスとビッグデータ　　　　　　　　（図表2－⑥）

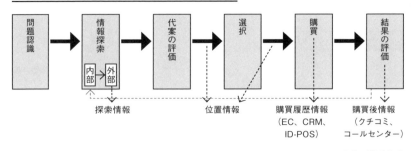

出典：著者作成

決定プロセスの中」でコミュニケーションを行うことを実現させます。

　消費者行動研究では、消費者の購買行動プロセスを（図表2－⑥）のように考えます。「知り合いにプレゼントしたい」、「週末に家族で外食したい」、など購買動機（問題認識）を持っている消費者は、選択の際に自分の過去の直接・間接経験が蓄積されている記憶の中を探索します（内部探索）。内部探索した結果、良い案がない場合にはお店や知人、雑誌、ネットなどの記憶の外にあるモノを対象に探索先を変更します（外部探索）。その結果いくつかの案がある場合には、代案を評価して選択・購買を行うのです。購買結果は脳の中に過去の経験として蓄積されて、次の内部探索の際に使われます。

　デジタル2.0時代までは、「消費者情報を消費者購買意思決定プロセスの中から得ること」は難しかった時代でした。技術が未発達だったこともあり、技術的に対応できる場合も費用の問題であまり行われなかったのです。パネル調査を実施したり、商品企画プロセスの中で定性的・定量的調査を行ったりすることもありましたが、この時代に企業側が得られる消費者情報の多くは、購買前または購買後に行うアンケート調査、小売店頭で集まるPOS、ネット販売時の購買履歴、購買後のクチコミ程度でした。これらのデータを収集・整理・分析して活用するまでには時間がかかり、アンケート調査には膨大な費用がかかったのです。

　それが、（図表2－⑥）のように、スマートデバイスを活用することによって、リアルタイムで情報を得ることも可能になりました。このようにビッグデータは、まずスマートデバイスといったITの進化によって（技術要因変化）、消費者の情報探索・購買行動が変わり（需要変化）、この変わった消費者行動の産物がネット上でデータとし

て現れたものです。さらに、この環境変化に対応しようとする企業はソーシャルメディアを積極的に活用する必要があり、企業側のニーズはソーシャルメディア産業をさらに活性化させています。

ブログ → YouTube → facebook → Twitter → LINE → Instagramのように、より手軽で消費者が楽しめるソーシャルメディアの登場は、それらを活用するコミュニケーションを増幅させました。このメカニズムが後述するビッグデータが生まれた原理と思われますが、このような観点に立つとビッグデータを、「IT技術発達と消費者行動相互作用の産物が、市場データの形で現れたもの」と定義することができます。したがってビッグデータはたまたまネット上にあふれだしたデータではなくメカニズムがあり、「低コストで手軽にコミュニケーションを行いたい」というが根源的な消費者の需要を満たしているものです。さらにこの需要を満たすために、事業を行う企業側が投入する資源が、「天然資源のように限られた資源ではないために今後も市場参入者が絶えないと予想されること」、「その結果さらに消費者にとって魅力あるソーシャルメディアが登場してWebを活性化させると予測されること」から、ビッグデータへの関心は息の長い、しかし非常にダイナミックなマーケティング現象と予想されます。

ちなみに、ここでは技術発達（スマートデバイスとソーシャルメディア）と需要変化（消費者購買行動の変化）だけに触れましたが、この二つの変化により、リアル店舗とネット通販（EC）の境が消えつつあることによる競争や、流通の変化も起きています。第3章でも紹介するオムニチャネル現象は、まさに技術発達と需要変化、そして競争や流通の変化によって起こる現象といえるでしょう。

●ビッグデータの定義とビッグデータを巡る一般的誤解

　話を（図表2－⑥）に戻して続けます。探索情報からは、消費者の現在の関心事についての情報を得ることができます。そして、対案の評価段階では、サイト内のお気に入りやカート内情報から、購買候補商品の情報を得ることも可能になります。さらに購買時にはID-POSなどの購買履歴情報が得られて、購買後にはソーシャルメディアからクチコミ情報を、リアルタイム（velocity）で収集することができます。これら以外に、位置情報も把握できます。

　スマートデバイスの普及によって消費者の購買行動が変わったことで、企業は消費者の購買意思決定プロセスから、探索データ、ID-POSデータ、購買履歴データ、クチコミデータ、そして位置情報など、多様な（variety）市場情報を得ることができるようになりました。その結果、ネット上の情報量が飛躍的に増えた（volume）ことはいうまでもありません。

　世界的知名度のある経済雑誌、エコノミスト誌のデータエディターであるケネス・クキエ氏が、チームメンバーとの間で、2010年頃にネット上に集まる市場データ量が急に増えた現象をどのように表現して記事化するかで悩んだ末に出したのが、その量（volume）が「ビッグ」であることに注目した「The data deluge（データの洪水）」という特集記事でした。この記事を受けて、IBMはビッグデータの特性を3V（volume：量、velocity：速さ、variety：多様性）で表現し、定義したのです。

　読者の中には、POSデータがビッグデータとして分類されているのを見て、違和感を覚えた方もいるかもしれません。それ以外にも気象情報やログデータなど、前から使われていたデータもこの時代

になって、ビッグデータとして扱われるようになりました。それは、IBMがビッグデータを3Vとして定義しその考えが世に広まり、この定義を満たすものをビッグデータとして分類することが抵抗なく受け入れられたためであると思われます。この点と関連して以下の二点について注意してください。

　まずビッグデータには、二つのタイプがあります。（図表2 - ⑥）で示したように、スマートデバイス普及にともない消費者の購買行動が変わり、購買意思決定プロセスの中からネット上に出てくるデータ（検索データ、ID-POSデータ、購買履歴データ、クチコミデータ、位置情報など）と、3Vといわれるビッグデータの定義に合うデータ（気象情報やログデータ、POSデータなど）の二つのタイプがあり、それぞれの発生源が異なることです。

　そして二つ目は、IBMの3V（volume：量、velocity：速さ、variety：多様性）ですが、この概念は2010年代以後に初めて使われた概念ではありません。すでにITの特性を分析した従来の研究でよく言われていて、特にIT関連ジャーナルにおいてHart and Saunders[1998]は、EDI活用の意義を語る文脈の中で、「多様（diversity）で大量（volume）のデータを速やか（speed）に、共有できること」について言及しています。

　ビッグデータを理解するために求められる観点は、昔からITの特性や効果としていわれた3Vが、スマートデバイスの影響によってどのように変わったかを見ることです。この観点に立つと、将来スマートデバイスに取って代わるデバイスが普及した時にも、同じような考え方で変化を読むことができるかもしれません。

2-4. 第2章のまとめ

　本章では、デジタル時代におけるSP企画立案戦略を理解していただくために、あえて遠回りの道を選びました。本書における第2章と第3章の役割は、総合的で長期的な視点でデジタル時代におけるSPを捉えるために必要な知識（関連する概念や理論、文献）を、紹介するところにあります（第3章でも小売を中心に同じ観点で記述します）。より実務的な話や具体例は、第4章以後に記載しています。

　本章ではCRM活動の中にSPの一つであるポイントプログラムがあることや、消費者との間で一方向コミュニケーションではなく、双方向コミュニケーションが行われることについても触れました。従来のSP活動は以下の（図表2－⑦）左側のようにまとめることができ、デジタル時代のSP活動を右側のように表現することができます。

2タイプのプロモーション活動とコミュニケーション　　　　（図表2-⑦）

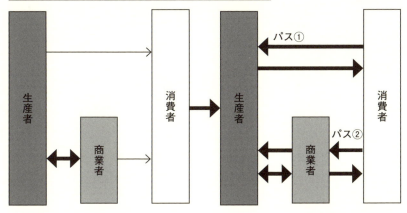

出典：著者作成

メーカーは消費者から、位置情報や購買履歴データ、クチコミ情報などの消費者情報を得ることができます（パス①）。また小売店頭では、ポイントプログラムから顧客データを集めることも可能です（パス②）。さらにこのデータを分析することで、顧客の属性やリピート情報など、メーカーにとって貴重な情報を得ることができます。このデータはクチコミとは異なるために、メーカーがソーシャルメディアを利用しても得ることが難しいデータです。価値のあるデータは、取引相手の顧客としての魅力度（Customer Attractiveness）を高める可能性があります。この魅力度は、チャネルにおいてパワーや信頼を形成する資源としても使われ、小売企業とサプライヤー間で共同革新を促進するように働きかけることも考えられます［Ailawadi2001］、［金・日高・秋山 2016］。

　ポイントプログラムの戦略的活用については次章で改めて扱うことにしますが、この章を通じてSPに対するイメージが、「売り上げ、一方的コミュニケーション、短期」のみではなく、「長期的で双方向コミュニケーション、サプライヤーの協調性を引き出す」可能性があるものだと気付いていただけたら幸いです。

<了>

第3章

流通・小売の セールスプロモーションを知る
（関連概念と理論の整理）

執筆：日本大学商学部 准教授
金雲鎬

3-1. 小売の特性と伝統的小売企業のセールスプロモーション

　この章の目的は、①小売におけるセールスプロモーション（以下、SP）がデジタルによってどのように変わったかと、②デジタル時代における小売企業のSP、またその戦略的意味と実施時の注意点について紹介することです。流通におけるデジタルといわれると、オムニチャネルが思い浮かぶ方も多いのではないでしょうか。オムニチャネルはSPの守備範囲を超えるところもありますが、オムニチャネル抜きにして小売のデジタルマーケティングを論じることも難しいため、③オムニチャネルを捉えるための視点、についても紹介していきます。

この目的を達成するために、以下の三点を意識しながら記述していきます。

　一点目は、小売の固有領域を意識すること。小売のSPを理解しようとする際に、STP-4Pモデルは大いに参考になる考え方ですが、消費財メーカーと小売は本質的に行動原理が異なるところもあるため、小売の固有領域を考慮します。そして二点目は、第2章と同様に総合的かつ長期的な視点で、デジタル時代におけるSPを捉えることに焦点を当てます。したがってSPとICTとの関連だけではなく、小売のICT戦略を幅広く扱い、関連する概念や理論を中心に記述を行っていきます。事例など、より具体的な話は第4章以後を参考にしてください。最後の三点目は、小売企業の多様なSPの中から、ポイントプログラムに注目します。ポイントプログラムには、これまで消費者との間で取られていた短期的で一方的なコミュニケーションを超えて、相互作用を通じて長期的な関係を構築する局面があります。

小売企業の特性を見る際には、「STP-4Pモデル」と「競争優位の形成メカニズム」について、メーカーと比較する観点がお勧めです。

第3章のポイント

☐ STP-4Pモデルは「消費財メーカー」の「単一商品」を対象にしたマーケティング活動に適した理論である。

☐ 品揃え形成、店の雰囲気、ロケーション、価格、そしてこれらによって形成される店舗イメージは、小売企業の競争優位の資源そのものである。

☐ デジタル時代におけるSPは、「短期的で、売上志向で、一方的コミュニケーション」ではなく、「中長期的に、顧客関係形成を志向し、そのために双方向コミュニケーションを行う」性格がある。

☐ デジタル時代におけるSPには、デジタルSPと伝統的SPを組み合わせる「セールスプロモーション・ミックス（SPミックス）」の視点も必要になる。

3-2. 消費財メーカーのマーケティングと小売のマーケティング：STP-4Pモデルの再考

すでに第2章でも取り上げた図表ですが、この図を使って「小売業のマーケティング」について考えてみましょう。（図表3-①）を見ながら小売業のマーケティング行動について考えてみてください。

マーケティング・マネジメント論
(STP-4P モデル) の概念図【再掲】

(図表3-①)

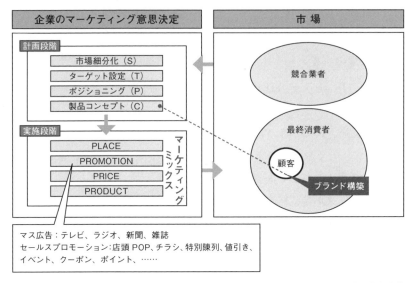

出典：著者作成

　まず市場については、競合他社があり、消費者を顧客にすることには違和感がないはずです。しかし、計画段階になると少し疑問が生じてくるのではないでしょうか。「商品すべてに対して、STPを行うのか」、「コンセプトは、4Pによって顧客に伝わり、評価されるのか」、「STP-4Pモデルは一方向コミュニケーションの発想といわれるが、商圏内の固定客相手に一方向コミュニケーションで大丈夫なのか」、などです。

　ここで確認したいのは、STP-4Pモデルは「消費財メーカー」の「単一商品」を対象にしたマーケティング活動に適した理論であることです。そのために、顧客との相互作用が求められるBtoBでは活用に限界があります。さらに小売企業は生産部門を組織内に持たないで、商

圏内に住む消費者を対象に、多品目の商品を仕入れて販売しています。そのために、メーカーのマーケティング意思決定を前提とする、STP-4Pモデルとは異なるロジックで捉える必要があるのです。小売企業の意思決定にSTP-4Pモデルが適用可能な場面は、市場参入戦略（業態選択、出店、海外展開など）の場合です。

小売企業の競争優位形成メカニズム

●メーカーとの違い

　それでは、小売企業に固有の特性はなにがあるのでしょうか。競争優位形成のメカニズムについて、メーカーと比較しながら記述していきます。メーカーが「単一製品を生産して競争優位を形成する」のに対して、小売企業は「品揃え形成によって形成されるサービスで競争優位を構築」します。消費者は小売企業の品揃えが充実していることによって、店舗に形成されるサービスを購入するため、店舗イメージを決定づける最も重要な要因であり、競争基盤でもあります。品揃え形成は商圏内の競合小売企業との競争基盤になると同時に、サプライヤーに対するパワーを形成する源泉にもなるのです。

　しかし店舗イメージを決定するのは、品揃え形成だけではありません。店の雰囲気もまた、顧客の店舗イメージ形成に重要な要因になります。消費者は生活圏内で購買するために、アクセスのしやすさが求められ、ロケーションも小売企業の競争優位を構成する要因になります。

　これらの特性は、小売組織構造にも影響を与えます。成長を追求する小売企業は地理的制約を超える目的から多店舗展開するために、メーカーがシングル・ユニット組織であるのに対して、小売企業は

本部と店舗とでなるマルチ・ユニット組織をつくります。小売企業はマルチ・ユニット組織を構築することによって、商圏の制約を超えると同時にバイングパワーを高めて、サプライヤーに対するパワーを形成することが可能になります。価格は顧客が店舗を選ぶ重要な要素ですが、品揃えや多店舗展開を通じたサプライヤーに対するパワー形成によって、値下げに対するサプライヤーの協力を引き出すこともできるのです。

このように品揃え形成、店の雰囲気、ロケーション、価格、そしてこれらによって形成される店舗イメージは、小売企業の競争優位の資源そのものです。そのために、ビッグデータが小売企業の競争優位をどのように高めるかを考える際には、ビッグデータが顧客に直接与える影響を見る視点に加えて、伝統的な競争優位資源（品揃え形成、店の雰囲気、ロケーション、価格、店舗イメージ）をどのように高めるかを見ることで、より豊かな視点を得ることができるようになります。

● マーチャンダイジング能力
　小売企業の伝統的競争優位資源の中で、品揃え形成の競争力を高めるために欠かせないのが、「マーチャンダイジング能力」です。消費者に魅力ある品揃えを形成して販売しつづけるためには、まず消費者にとって魅力ある商品を仕入れることが求められます。この、消費者にとって「魅力ある商品を選別して仕入れる能力」を、「品揃え計画能力」と仮定します。

　魅力ある商品の品揃えを充実させる計画を立てたあとは、消費者が必要な時に必要な量を手に入れられるようにしないといけません。そのために小売企業は在庫を持ちますが、在庫量は適正量を維持

することが求められます。この適正在庫を維持するために、必要な能力が「調達能力」です。

　さらに、いくら魅力ある商品を調達しても、消費者に知ってもらわないと意味がありません。そのためには商品情報を効果的に、消費者に伝達することが求められます。商品情報の中には、価格設定も含まれます。価格戦略は消費者を引き付けるために不可欠であるため、業界平均水準だけではなく、特売や値引き戦略が重要になります。この価格戦略をどの媒体やメッセージで消費者に伝えるかということに必要なのが、「プロモーション能力」です。チラシ、特売、協賛、POP、クーポン、ポイントなどのSPは、小売企業のプロモーション活動にとって重要なツールです。

　これら三つの能力（品揃え計画、調達、プロモーション）によって形成されるものが、「マーチャンダイジング能力」です［金2016］。マーチャンダイジングは、ICT活用によってさらに高まるといわれてきました。マーチャンダイジング力を高める働きをするICTとして、今までは組織内情報システムと組織間情報システムが注目されていて、顧客との相互作用情報システムについてはほとんど研究が蓄積されてきませんでした。小売のデジタルマーケティングにおいては、ICTがマーチャンダイジング力を高めるプロセスについて、三つの情報システム（組織内情報システム、組織間情報システム、顧客との相互作用のための情報システム）を視野に入れて比較・分析する必要があります。

3-3. デジタル時代の小売のSP

　小売が導入する三つの情報システムは、以下の（図表3－②）のように表すことができます。組織内情報システムは、POS（Point of Sales）システムや人的資源管理、配送センターでの在庫管理、RFID（Radio Frequency Identifier）のように、小売組織内で業務効率を高めることを主な目的に導入されました。そして組織間情報システムは、EDIのように、サプライヤーとの間で組織間における取引効率性を高めることを目的とする情報システムです。これに対して顧客関係構築情報システムは、ECやCRMのように、顧客との関係を形成・維持・強化することを通じて、市場拡大または既存顧客の満足を実現することを目的としたものです。以降、第2章のデジタル時代の分類基準にしたがって、小売のICT戦略をまとめます。

小売における三つの情報システム　　　　　　　　　　（図表3-②）

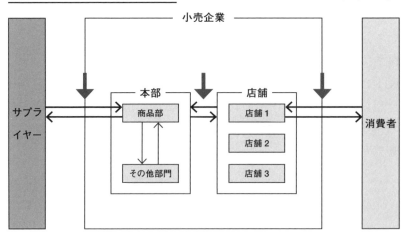

出典：著者作成

3-4. デジタル1.0時代の小売のICT戦略

デジタル1.0時代の小売のICT戦略①
「POSシステムの活用」

　まずデジタル1.0時代において、小売のICT活用の代表的取組みとしてPOSシステムとマルチチャネルを挙げることができます。

　浮き沈みの激しい小売業界において、成長し続けるセブンイレブンの競争力基盤を語る際に、ICT活用能力を挙げる人は多くいます。そのセブンイレブンのICT活用能力のコア・コンピテンスは、POSシステム活用にあるといっても過言ではないでしょう。POSシステムの活用が競争優位を形成するメカニズムは、小売のICT活用を語る際に非常に重要と思われるため、以下の（図表3-③）のように

POSシステムと小売企業の競争優位　　　　　　　　　（図表3-③）

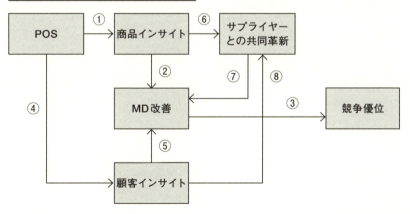

出典：著者作成

まとめました。

　まずPOSシステムを導入する小売企業は、POSデータを分析することによって売れる商品に対する知識、つまり商品インサイトを深めることができます［金2016］。POSシステムから得るデータは、難しい分析を行わなくても売れ筋商品を把握することができます。このデータに基づいて売れない商品を棚から排除することで、売場鮮度が改善されるのです（パス①と②）。この商品管理は「単品管理」とも呼ばれる手法ですが、蓄積されているPOSデータからは、どのような状況の時、どの商品が、どれほど売れるかに関する商品情報を得ることができます。この情報は発注業務の効率を高めて、在庫管理の改善に貢献するものです（パス①と②）。セブンイレブンの競争力基盤の一つが単品管理であることが示唆されるように、商品インサイトは商品管理における効率性を高めて、マーチャンダイジング（MD）業務を改善し、競争優位を構築します（パス③）。

　さらにPOSデータからは、商品データのみではなく、性別や年齢など顧客データを得ることもできます。50歳以上を同じ顧客層として分類するなど、POSシステムから得られる顧客データにはその情報量に限りがあることを指摘する視点もありますが、POSシステムがない場合と比べると、POSシステムから得る顧客データを分析することによって顧客に対する理解、つまり顧客インサイトを深めることも予想されます。顧客インサイトは、MD業務の中でも商品計画や販促活動の改善に活用され（パス④と⑤）、競争優位を構築することが予想されるものです（パス③）。

　POSシステムはサプライヤーと情報や物流システムが連携・統合されることによって、MD業務をさらに改善します。商品データがリアルタイムでサプライヤーとの間で共有されることは（パス⑥）、

より正確で早い商品調達が実現されることを意味します（パス⑦）。欠品の減少やリードタイム短縮は、小売企業の競争優位を形成します（パス③）。一方でPOSシステムから得た商品情報及び顧客情報は、第2章でも触れたように、サプライヤーが直接手に入れることの難しい情報であるため、サプライヤー企業において小売企業の顧客魅力度が高まるのです。

　小売店頭に集まる商品情報及び、顧客情報に魅力を感じるサプライヤーほど、小売企業との情報共有を図る目的で情報システム統合に積極的に乗り出すことが予想され、その結果、二つの企業の間に協調性が形成されます。顧客魅力がもたらすサプライヤーの協調性は、共同販促やPB開発のような共同革新として現れることも考えられます（パス⑦と⑧）が、この共同革新は信頼に基づいて生まれるものであり、競争優位の基盤になります（パス③）。

　以上、POSシステムがどのように小売企業の競争優位を高めるかについて、（図表3-③）を解説しながら簡単にまとめました。この考察からPOSシステム活用が、MD力を高めること、サプライヤーとの間で協調関係が形成・促進すること、サプライヤーの協調性を引き出すこと、競争優位を高めることが示唆されます。

デジタル1.0時代の小売のICT戦略②
「マルチチャネル（EC市場参入）」

　インターネットの普及にともない、EC市場が急拡大を遂げました。本章の前半でも触れた小売特性（商圏の制約）を考えると、実店舗を基盤に事業展開している小売企業がネット事業を始めることには戦略的意味があります。しかし期待に反して、EC市場に参入して

成功した事例はほとんど聞かれないのが現状です。この現状は日本だけではなく、海外も同様といえます。ECの話はSPの領域をはるかに超えるため、ここでは後述するオムニチャネルを捉える際に必要と思われる制約条件についてのみまとめます。

　制約条件の一つ目は、「競争基盤が機能しなくなる」ことです。商圏は販売エリア制約の意味もありますが、他方では商圏内には独占的市場が確保される意味もあります。競争があった場合には近隣小売との争いになりますが、もしもネットで販売をするなら通販大手のアマゾンや楽天のような、数多くの手強いライバルとの競争になるのです。ネットで商圏の拡大を目指せば目指すほど、競争の強度が大きくなるのは逆説ともいえます。競争が激しくなるほど差別化が求められますが、PB企画を除いたほとんどの商品は他所の店やネットでも買える商品であるために、差別が難しくなります。

　そして制約条件の二つ目は、「隠れた費用（ヒドンコスト）の増加」です。実店舗はそれ自体が広告塔の役割を担い、消費者に存在を示すコミュニケーション手段にもなります。しかしネットの場合では積極的に広告活動を行わないと、Web上で消費者に自分の存在をアピールすることが難しいため、Web事業のためには新たな広告費用が発生します。

　さらに実店舗の場合、消費者が費用として認識しない「店舗までの移動費用」が、Web上で「送料」として現れた時、初めて費用として認識する場合が多くあります。企業側はWeb上で発生する送料を顧客に負担させるか、企業が負担するかを選択する必要が発生し、どちらもEC事業の収益性を圧迫することになります。

このようなマルチチャネルの制約条件は、ネット事業を展開する前に対応を講じておかないといけないものです。オムニチャネルに関心が高まっていますが、オムニチャネル成功条件の一つは、これらマルチチャネルの制約条件をどのようにクリアするかにかかっているともいえます。

3-5. デジタル2.0時代の小売のICT戦略：CRM戦略

インターネット調査会社マクロミルが2007年に実施した調査結果によると、調査対象者516人の中で、97.3％（男性96.9％、女性97.7％）がポイントカードを所有していることが明らかになっています。また矢野経済研究所が2011年に実施した調査結果によると、ポイントカードの平均所有枚数は6.3枚であり、2007年の5.7枚より増加傾向にあることがわかりました。さらに、野村総合研究所が2006年から2013年までに実施した調査によると、「ポイントが付くかどうかで購入する商品・サービスが変わるかどうか」について、「あてはまる」という答えが2006年の12.0％から、2013年には19.9％へと増えていることもわかったのです。

これらのデータからポイントカードが消費者行動に与える影響が見て取れますが、このような消費者側の変化への対応が小売側には迫られており、日本スーパーマーケット協会が2014年に実施した調査結果によると、81.7％のスーパーマーケットが「ポイントカードを導入している」と答えています。レジでポイントカードを提示する消費者の購買履歴データはリアルタイムに集計され、販促活用や顧客囲い込みなどに活用されます。小売現場でポイントカードを

SPに積極的に活用する現象に対する呼び方は、ポイントプログラム、ロイヤルティプログラム、FSP（Frequent Shoppers Program）、CRMなど様々なものがありますが、最も一般的な表現で学術的にも研究蓄積が多いのがCRMです。次は小売のポイントプログラムを軸とするCRMの様子について、事例を挙げて説明していきます。

事例の概要：食品スーパー＜オギノ＞

オギノは1968年に食品スーパーを立ち上げ、2016年10月現在、山梨県を中心に45店舗を展開しています。小売業界では顧客のカード利用率が4割を超えたところから、「カード使用率が高い」とされますが、オギノの場合には顧客カード利用率が9割を超えており、売り上げに占める会員の売上率も95％を超えています。

同社は1996年11月に、「グリーンスタンプカード」という名前の顧客カードを導入させました。スタート当時は顧客カードが顧客に認知されていなかったために、社員が一軒一軒家庭を回って会員の獲得に全力を尽くしました。その努力が実を結び、会員獲得に取り組み始めてから約8ヵ月で20万人の会員を確保することに成功したのです。

顧客データの分析・活用をスピーディに展開するオギノでは、新しい取り組みを始める前には、仮説を立てて検証を行うことにしています。DMを開始する前にも、その効果に対する検証を行いました。DMによって来店した1623名の顧客データ分析から、先週より購入額が増加した人が75.4％の1223名、先週より来店回数が増加した人が43.4％の706名であることが確認されました。

その効果が検証された1997年9月から、DM企画が全面的に始まりました。この時期のCRMの目的は、すべての顧客に同じ内容のチラシを配布する既存の販売促進活動を改めて、顧客の来店頻度と買い物記録を調べてターゲットに合ったDMを送ることにより、効率的に売り上げを増やしながら販促費を節減することでした。

　DM開始から2年後になる1999年からは、顧客クラスター分析とその活用をFSPの最重要課題に設定しました。クラスターとは同じものの群れという意味であり、顧客クラスター分析とは、顧客データを分析し、顧客を年代や好み、ライフスタイルなどで分類する分析手法です。オギノは顧客を「健康志向だがレトルト食品などもよく利用する簡単調理派」、「素材にこだわる健康志向派」など約二十種類に分類しました。その分類別に最も適したサービスや特典ポイントを付与して優良顧客の維持・拡大を図り、さらに店舗ごとにどういった顧客層が多いかなどを見極めたうえで、販促のほか、品揃えにも活かしています。

　1997年の開始から1999年までのオギノのCRMは、たとえばレトルトカレーが好きな顧客にレトルトカレーの割引クーポンを発行するなど、購買歴のある商品がDMの対象になっていました。それに対して顧客クラスターを活用したCRMでは、購買歴のある商品だけではなく、購買歴のある商品と同じ属性を持っている商品が提案の対象になります。

　先程のレトルトカレーをよく買う顧客が、顧客クラスター分析ではどのように分析されるかを見てみましょう。まず、この顧客がレトルトカレーと同時に購入する商品を調べます。その結果、「冷凍ハンバーガーのように簡単に調理ができる商品」を購入する傾向があ

ることが判明した場合には、顧客クラスター分析においてこの顧客は「レトルト食品などをよく利用する簡単調理派」と分類されます。

この顧客は「手間を短縮したい」ニーズが強いことが予想されるために、購入歴がない商品であっても、顧客の手間を短縮する属性がある商品、たとえば部屋のにおいを簡単に取ることを売りとするP&Gの消臭剤「ファブリーズ」や、すすぎが1回で済むことをうたい文句とする花王の洗剤「アタック」のような、優れた機能性を持った商品が、DMに含まれてきます。

オギノでは2006年以後はDMとともに、レシートも積極的に活用しています。顧客クラスター分析に基づいて、レシートに特典付きクーポンを載せて顧客に渡すのです。オギノが独自的に行う場合もあれば、メーカーと共同でキャンペーンを行う場合もあります。キャンペーン実施後には、「どの顧客クラスターに、リピーターがどのくらいついたか」などのデータをメーカーに提供します。メーカーが広告宣伝をする新商品は、発売直後に売り上げが伸びても固定客がつかず、市場から消えてしまうことが多々あります。オギノのデータを使えば、どのような人がどれほど購買しているかという情報を得ることができます。共同キャンペーンに参加するメーカーは、このキャンペーンにかかるポイントカードの費用やDMの配送料についてその一部を負担します。オギノは取引先である食品メーカーを中心に、115社が参加する研究会を年5回開催。これらの調査結果を、随時共有しています。

ポイントSPが意味するもの

簡単ではありますが、オギノのポイントプログラムを軸とするCRMについて紹介をしてきました。この事例において、デジタル時

代の小売SPに示唆するものを、以下の三点に整理できます。第一に、デジタル時代の小売SPがポイントを中心に再編されることです。小売店の行うSPには、特売、値引き、イベント、店頭POP、クーポン、ポイントなど、様々な内容があります。オギノが行った事例のなかにあった、レシートやDMに特典付きクーポンを付ける例からもわかるように、ポイントプログラムによって構築されたプラットフォームを基盤に、クーポンなど、ほかのSPを同時に行うことができるようになりました。

そして第二に、SPが長期的に顧客関係維持に活用されるようになったことも、重要な意味を持ちます。SPは短期的に売り上げを追うイメージがありますが、顧客がポイントを貯める行為は、すでに顧客と企業との間の関係が形成されているため、この関係によって中長期のSP実施が可能になったことを意味しています。

最後に、SPを活用することによって、サプライヤーの協調性を引き出せる可能性も考えられることです。SP活動は基本的に顧客(消費者)に向けて行われるもので、小売では代表的な販促費用として扱われていました。しかしオギノがポイントプログラムを活用して、サプライヤーとの間で共同キャンペーンを行う場合は、販促費用の一部についてメーカーからの協力を得ています。従来のSP、たとえば特売の際にも、メーカーから協力を得ることはありました。しかし、特売への協力は、食品メーカーにとって販売促進費の増加による収益圧迫と同時に、商品の低価格化にともなうブランド価値の下落をもたらす可能性があったのです。しかし、ポイントプログラムに基づいたメーカーとの共同キャンペーンを行う場合は、通常価格にポイントを付与する形のキャンペーンを行うためブランド価値の下落は値引きほど大きくはありません。さらに、キャンペーン実施後にはリピート・データをメーカーに提供するため、テストマーケティ

ングの効果も期待できます。そのため、特売時のメーカーからの協力に比べると、その協調性や協調幅に違いが出てくることも予想されます［金・日高・秋山2016］。

3-6. デジタル3.0時代の小売のICT戦略：オムニチャネルを中心に

　オムニチャネル現象を理解し、SP企画立案に活用するためには、まずこの現象の背後にあるメカニズムを理解することが不可欠です。そしてオムニチャネルに似た概念である、マルチチャネルやクロスチャネルとの違いを明確にすることも、オムニチャネルの理解に役立つでしょう。さらに実務的に活用するためには、オムニチャネル実施にともなう課題や制約条件に対する知識も必要になります。したがって本項では、環境要因、類似概念との比較、課題や制約条件の順で記述したいと思います。

小売企業のオムニチャネル化戦略の背後にあるメカニズム

　商品特性によって多少の違いがあるものの、小売店頭で購買を行う消費者の意思決定プロセスは「店外探索→店へ移動→店内探索→店内購買」にまとめることができます。このプロセスは時系列で行われますが、店外行動（店外探索と店への移動）や店内行動（店内探索と店内購買）のように空間で区分することもできます。小売企業は、チラシ政策のような販促活動によって店外にいる消費者を引き付けながら、MDやサービスの質を高めて店内での消費者の満足度を上げるなど、時間と空間で分離される消費者の意思決定プロセスに対応できる仕組みをつくっています。

このプロセスにおいて、消費者には購買費用以外にも、探索費用や移動費用のような消費者費用が発生します。これらの費用の中で、移動費用を意識する消費者ほど店を転々としないで購買を済ませようとする傾向が強くなりますが、この行動が商圏を形成する要因の一つとして働きます。商圏の形成は、小売企業側に様々なメリットをもたらします。

　消費者は店の外観を見るだけでその店を認知するため、店舗が広告塔としての役割を果たし、コミュニケーション費用の節減に貢献します。商圏内では消費者と店との間で接触機会が高いために、商圏内の顧客との関係を形成・維持する環境をつくりやすいのですが、これは競合他社にとっては参入障壁になることもあります。また消費者は店までの移動距離が短くなるほど移動費用をあまり意識しなくなるため、商圏内での移動に対する消費者が感じる消費者費用負担はあまり大きくなりません。

　これらの消費者の意思決定プロセス、消費者費用、商圏が店側にもたらすメリット、そして小売企業の仕組みでは、説明や対応が難しい現象が2010年以後に見られました。それが、オムニショッパー（omni-shopperまたはomnichannel-shopper）の登場です。オムニショッパーが店内に現れることをショールーミング（show-rooming）といいますが、オムニショッパーは訪問先店で情報を探索しながら商品の値段などを比較し、スマートデバイスを使って他店で購買するために、店側にフリーライディング（free-riding）のダメージを与えてしまいます。オムニショッパーの登場が小売企業側に突きつける課題は、店内でのショールーミング行動のみではありません。ショールーミングすらしない、オムニショッパーも増え続けているのです。

このような技術・需要（消費者行動）・競争要因の変化に対して、ICT技術を活用して対応しようとする小売企業の戦略行動がオムニチャネル化戦略であり、そのメカニズムを以下の（図表3－④）でまとめることができます。

環境要因と小売企業のオムニチャネル化戦略　　（図表3-④）

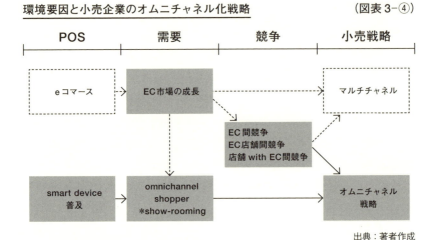

出典：著者作成

マルチ－クロス－オムニチャネルの異質性

Verhoef et al.［2015］のように、マルチチャネルとクロスチャネルが進化したものがオムニチャネルと見る視点が一般的ですが、その違いを明確に区分することは簡単ではありません。本項ではチャネル統合度と、顧客関係の観点でその違いについて記述します。

① チャネル統合度を基準に見るマルチ－クロス－オムニチャネル

マルチチャネルは、EC市場拡大とネット通販企業との競争を環境要因にして、小売企業が売上増と顧客満足を同時に追求するこ

とを目的に採用した戦略でした。具体的には、従来の単一チャネル（オフライン）のみではなく、オンラインまでにチャネルを増やすことによって、商圏の地理的制約を超えて売り上げを上げると同時に、商圏内の顧客に対してはコンタクトポイント[※1]を増やすことにより、満足度を高めて同一顧客の購買金額や購買頻度を増やした結果、売り上げを伸ばす考え方です。

　このようにマルチチャネルには、新規顧客開拓と既存顧客との関係強化が混在しています。前者を重視する小売企業ほど、チャネル統合を進めないことが予想されます。また後者を重視する小売企業であっても、チャネル統合にともなう制約条件を強く意識して、その制約条件をクリアできない小売企業がチャネル統合を進めることは考えにくいでしょう。オムニチャネルとマルチチャネルの違いを説明する論者の多くが、チャネル統合の程度を物差しにしています。Piotrowicz and Cuthbertson［2014］や Verhoef et al.［2015］は、オムニチャネルでは前提条件であるチャネル統合が、マルチチャネルでは行われていないと指摘しています。

　このようにマルチチャネルやクロスチャネルとの違いを論じる場合には、チャネル統合度がよく使われますが、その中身についてはあまり議論されていません。Zhang and Oh［2013］では、マルチチャネル研究においてデータ統合に関する研究が重要なテーマにもかかわらず、研究蓄積が少ないことが指摘されています。

※1
Contact Point、顧客との接点のこと。ほかに、タッチポイント、体験ポイントなどと呼ばれる。

②顧客観点で見るマルチ-クロス-オムニチャネル

　ここまでにマルチチャネルを実行する狙いとして、新規顧客開拓と既存顧客との関係強化が混在していることをお伝えしました。マルチチャネルには、商圏内の既存顧客に対して顧客接点を増やすことにより顧客満足を高めて、それをパフォーマンスにつなげようとする考えがあります［Ganesh 2004］。

　この考えからは、マルチチャネルにCRMの要素が入った時に、クロスチャネルになることを読み取ることができます。つまり、マルチチャネルとクロスチャネルの違いを区分するもう一つの考え方は、既存顧客との関係に焦点を当てるCRMの発想があるかないかにあるといえます。

　しかし、マルチチャネルを活用して既存顧客への接点を増やそうと思えば思うほど、商品データに加えて顧客データをチャネル間で統合する必要があります。これは非常に高いレベルでのチャネル統合を意味するものですが、Verhoef et al.［2015］がいっているように、クロスチャネルにおけるチャネル統合度は極めて低いのです。このチャネル統合度の低さは、クロスチャネルが実施されてない可能性があることを示唆しています。

　したがってクロスチャネルは顧客関係の維持・強化のためにマルチチャネルを活用することを志向しますが、制約条件の壁にぶつかり、実施までには至っていないものと解釈することができるでしょう。この計画や概念のレベルにとどまっていたクロスチャネルが、スマートデバイスとソーシャルメディアの技術発達によって、ようやく実現できるようになったのがオムニチャネルといえます。そのため

にクロスチャネルとオムニチャネルは、目指すものは同じですが、実現可能性に違いがあるといえます。

オムニチャネル化への戦略転換における課題及び制約条件

小売企業のオムニチャネルへの戦略展開における課題として、最も多くの研究関心が集まっているのがチャネル統合とシームレスです。

①チャネル統合とシームレス

オムニチャネルの定義について論者ごとに表現の違いはあるものの、小売企業が「すべてのチャネルに対して」、「シームレス（seamless）で、同時に（simultaneously）、商品を供給するように」、「マルチチャネルをコーディネートすること」と定義することができます。オムニショッパーに対応するためにはどの商品でも、どこでも、どの時間でも、情報探索が可能になり、購買ができるようにすることが求められます。そのために複数のチャネルをシームレスに繋いでコーディネートする必要があり、チャネル間における統合が欠かせません。チャネル統合によるシームレスな購買経験は、消費者の満足と維持に貢献します。

このチャネル統合において欠かせないのが、データ統合です。データ統合は、さらに商品データと顧客データに分解されます。マルチチャネルの実施によって収集可能なデータと比べて、オムニチャネルの場合はより多くのチャネルから顧客データを含めた多様で大量のデータが集まります。これらのデータから顧客への理解を深めることで、顧客ニーズにより近い情報を得ることもできるようになります Brynjolfsson et al., ［2013］。

しかし、データ統合には課題も多いために慎重な姿勢が求められることを指摘する研究もあります。ショールーミングの対策としてオムニチャネル化を進める場合、顧客にシームレスな利用を促すためには商品データの一つである価格データの統合が求められますが、オムニショッパーは購買前にネットで価格を調べて、より安い商品を選ぶために価格競争に巻き込まれる可能性があるからです。その状況では、ショールーミングに対応することが難しくなる可能性があります。そのためにオムニチャネル化においてはデータ統合、特に商品の価格データの統合において、より慎重な姿勢が求められます。

②サプライチェーンの再構築

チャネル統合を成功するための条件として、データ統合以外にもサプライチェーンの再構築が欠かせないことが主張されています[Häbner et al, 2016]。マルチチャネルにおいては、オフラインとオンラインでの物流マネジメントが分離されていることが多くあります。どの商品も、どこでも、どの時間でも、情報探索が可能になり、購買ができるようになるためには、複数のチャネルにまたがるマネジメントが必要なため、物流統合も求められてきます。

物流統合が進み、物流センターに多くの商品が集まることによって、幅広い品揃え対応ができるメリットがある一方で、品揃えが増えるにしたがって物流関連業務も複雑になることが課題となります。そのためにマルチチャネルの場合に比べて、より深い知識が求められますが、現段階ではオムニチャネルにおける販売チャネルのオペレーション知識は、不足している状態です。

③スマートデバイスの活用

　オムニチャネル化においてスマートデバイスを活用することの効果については、販促効果とCRM効果がよくいわれています。スマートデバイスを活用することによって、消費者の移動情報や購買履歴情報をリアルタイムで集められ、従来のそれよりもっとミクロレベルで、正確な販促活動を行うことができるようになりました。

　また、技術の発達により顧客とのイントラクションが可能になり、この顧客経験が、顧客満足やロイヤルティ、そして生涯価値（customer lifetime value）を高める可能性があるとされます。本文ではオフラインでの商圏がもたらすメリットが、オンライン上では得られない可能性があることについて触れましたが、この問題解決に期待されているのがモバイルデバイスでアプリを利用することです。ローカル・アプリ（location-based apps）がオフライン上において消費者を囲い込む商圏（barrier）のような役割を果たす可能性があるとしています［Nash et al. 2013］、［Brynjolfsson et al. 2013］。

④ソーシャルメディアの活用

　マーケティング研究の中でも、特に消費者行動分野で関心の高いソーシャルメディアの活用は、オムニチャネルにおいても関心が高まっています。マーケティング・コミュニケーションにおいては、二つの局面で活用可能性があるとされます。一つは小売企業が消費者に向けて、購買意思決定プロセスの全段階に対してソーシャルメディアを活用し自社の商品情報を流すことです。

　そしてもう一つは、オンライン上でのクチコミの拡散を通じて、間

接的に消費者に訴える方法です。オムニショッパーの行動は従来の商圏の域を超えて広がるため、企業側がその行動をコントロールすることが、オフラインのそれに比べるとはるかに難しくなります。オムニチャネル化においてソーシャルメディアを活用することは、オムニショッパーの拡散志向性に逆らわずに対応することに意義があるのです。

　しかし、オムニチャネル化にソーシャルメディアを活用する場合には、前章でも触れたようにコミュニケーションチャネル間の広告効果測定の難しさが課題になります。ソーシャルメディアを活用する小売企業はfacebookやTwitter、Instagramなど、複数のソーシャルメディアを使うことが一般的です。複数のソーシャルメディアを経由しながら購買意思決定を行う消費者の場合、どのコミュニケーションチャネルにおいて効果があったかの判断は難しくなります。その現状では、広告費の配分における意思決定が難しくなることでしょう。またソーシャルメディアは、新企業や新サービスが短サイクルで登場する業界でもあります。この状況では、どのソーシャルメディアを選択するかの意思決定もまた難しくなります。

3-7. 第3章のまとめ

　本章では、デジタル時代における小売業のSPを理解するために必要と思われる関連概念や理論の整理を行ってきました。そして小売SPの中で、ポイントプログラムに焦点を当ててデジタル時代の小売SPについて考察を行いました。デジタル時代におけるSPは、「短期的で、売上志向で、一方的コミュニケーション」ではなく、「中長期的に、顧客関係形成を志向し、そのために双方向コミュニケーションを行う」性格があります。また小売企業がSPを通じて得た顧客データ及び顧客インサイトは、サプライヤーに対する協調性を引き出す資源になる可能性があることについても触れてきました。この性質は従来のSPのイメージでは、考えることが難しいものです。

　最後に、SPを含めて小売のデジタルマーケティングを捉える際に、欠かせないことを二点ほど紹介します。一つは、卸売の役割です。卸売はメーカーと小売との間に介在するものとして知られていますが、具体的にどのようなことをしているかについてはあまり知られていません。しかし、販売額規模でみると、卸売全体販売額は小売全体販売額の3倍を上回るほどの規模があります。また調達・配送だけではなく、新商品提案や販促方法の提案など、小売企業の品揃え形成全般を支援する役割を担っている場合も多いのです。デジタル1.0時代には、小売のPOSシステム投資に合わせて情報と物流におけるICT投資を進めて、SCM(Supply Chain Management)を構築して成長を遂げた企業も少なくありません。デジタル2.0と3.0時代に、卸売企業はどのようなICT戦略を取っているのかについての考察を通じて、小売を含めた流通全体の理解が深まるであろうと期

待されます。

　そしてもう一つは、小売の伝統的SP手法の価値を決して看過してはいけないことです。本章では、ポイントプログラムのようなデジタルSPの意義に焦点を当てました。長期的な顧客関係構築や顧客との双方向コミュニケーションの実現は、デジタルSPの意義と言えます。しかし、企業経営には、長期的視点のみではなく短期的視点も求められます。そのために、マーケティング戦略に、マーケティング・ミックスとプロモーション・ミックスの考え方があるように、デジタル時代におけるSPには、デジタルSPと伝統的SPを組み合わせる「セールスプロモーション・ミックス（SPミックス）」の視点も必要になるのです。

＜了＞

第4章

デジタル時代の
セールス
プロモーション事例：
サントリー「角瓶」

執筆：横浜国立大学大学院国際社会科学研究院 准教授
鶴見裕之

4-1. サントリー「角瓶」のセールスプロモーション

　本章では、デジタル時代におけるセールスプロモーション（以下、SP）のあり方について整理します。事例には、サントリー「角瓶」を取り上げます。サントリー「角瓶」は、サントリーの前身である寿屋が1937年に発売した国産ウイスキーです。ガラス瓶の角張った形に特徴があり、「角瓶」「角」と呼ばれるようになりました。そののち、正式な製品名を「角瓶」に変更し定着します。1983年をピークに2007年まで国内ウイスキー市場は右肩下がりでしたが、「角瓶」は2008年からのキャンペーンでハイボールによる飲み方を消費者に提案し、ウイスキーカテゴリーの需要活性化に成功しました。その過程では「経験価値」を主軸に据え、デジタル時代の新しい考え方やツールを活用したマーケティング、セールスプロモーションの展開が功を奏しました。

　角瓶のマーケティングは、当初業務用（飲食店）市場を中心に行われ、次に家庭用市場に展開されました。その中で、SPはほかの4Pと連動し、リアルとデジタルを横断しながら展開されました。その一連の活動は飲用体験を実現し、経験価値を伝えるためのカスタマージャーニーを形成しました。

> **サントリー「角瓶」のセールスプロモーション事例のポイント**
> ☐ 「経験価値」を中核とした顧客獲得。
> ☐ ヘビーユーザー、アンバサダーの獲得。
> ☐ 経験価値に繋がるデジタルを含む、カスタマージャーニーの構築。

4-2. デジタル時代におけるセールスプロモーションのポイント

なぜサントリー「角瓶」を事例研究に選んだのか

　角瓶のマーケティングは、ジョッキでハイボールを飲む新しいスタイルの提案により、自社ブランドのみならずウイスキーカテゴリー全体の需要創造に成功しました。第5章に詳細がありますが、カテゴリー需要の創造に成功することで、バリューチェーン上の多くのプレーヤーに恩恵をもたらすことができます。そのため、現代のマーケターにとってカテゴリー需要の創造はマーケティングの重要な目的の一つになっています。21世紀に入ってからすでに15年以上が経過していますが、新たな顧客層にブランドを確立しながらカテゴリー需要を創造することに成功した角瓶は、その間に実施された我が国のマーケティングにおいて最も成功した事例の一つであるといえます。

　また、その成功の背景には、デジタル技術を活用したSPがほかのマーケティングと有機的に連携していることがあります。本事例に

は、デジタル時代におけるこれからのマーケティングを考えるうえで、参考になる要素が多く含まれています。

以上の理由から、角瓶を事例として選択しました。以降では、事例を理解するうえで前提となるデジタル時代のマーケティングの特徴について確認し、その次に事例を整理し、最後に成功のポイントについてまとめたいと思います。

デジタル時代のSPの特徴①：変数の増加とバランスの変化

マーケティングの本質は「最適化」です。最適化とは、出力の値を最大化する入力の値を求める作業を表します。また入力値の範囲のことを、制約条件といいます。マーケティングでは、出力が売り上げや利益、入力がマーケティング・アクション、制約条件がマーケティング予算、マーケティング・ツール、マーケティング環境になります。

デジタル時代に入り、マーケティングにおける最適化の各要素はどのように変化したのでしょうか。企業が目指すのは売り上げ、利益であり、出力の要素に変化はありません。大きな変化が起きたのは、入力の要素でした。消費者が接するコミュニケーション・ツールの中心が、既存のメディアからICTツールへと移行しつつあります。この環境変化が、取り得るマーケティング・アクションの数を増やしました。デジタル化により、マーケティングの可能性は広がり、そして複雑化しました。

ただし、このような変化はマーケティングが絶えず経験してきたことです。たとえば通信販売もはじめは郵便を使った雑誌（カタログ）

から始まり、やがて電話、ラジオ、テレビ、PCやスマートフォンによるインターネットが利用されるようになりました。このようにコミュニケーション・ツールの登場により、マーケティングの可能性は大きく広がってきました。今後もVR（仮想現実：Virtual Reality）、AR（拡張現実：Augmented Reality）、ウェアラブル端末、ドローン、ロボットなどの技術の進化によりその可能性は広がり続けるでしょう。したがって、マーケターは常にマーケティング環境の変化に着目し、新たに登場した入力変数を取り入れたうえで、入力が出力に与える影響の変化を適切に評価し、新たな最適解を探索し続ける必要があります。

　ある瞬間における最適解が、その数年後にも最適解である保証はありません。「生き残るのは、最も強いものでも、最も賢いものでもない。それは最も良く変化に適応したものである」というダーウィンの言葉は、そのままマーケティングにも適用できます。このような環境の変化の中で、既存のコミュニケーション・ツール、マーケティング・アクションもある日を境に突然消えて無くなるわけでは無く、影響度は変化するものの、生き残り続けます。したがって、既存ツールと新規ツールのバランスを上手く取り続けることが大事だといえるでしょう。

デジタル時代のSPの特徴②：ヘビーユーザー獲得を重視

　デジタル化の進展は、マーケターにそれ以前よりも詳細なデータを提供しました。そして、その分析結果により最大化を狙う出力の変数は変わらなくとも、そこまでのたどり着き方が大きく変わってきました。現在もマーケティングを取り巻く環境のデジタル化は進展していますが、そのデジタル化の第一歩はPOSデータの登場であっ

たといえます。POSデータの登場によって、店別の販売実績が詳細にわかるようになりました。POSデータを第6章で紹介するABC分析した結果、マーケティングの4P以外の売り場づくりの要素がアイテムのインストア・シェアに強い影響を与えていることが明らかになりました。その結果、売り場の重要性が認識され、POSデータ登場後は、多くのマーケターが店頭を重視するマーケティングの基本方針を持つようになりました。

さらにFSPデータの登場により、顧客別の購買実績が詳細にわかるようになりました。FSPデータをデシル分析[※1]した結果、購入金額上位20%の顧客が店舗や商品の売り上げの80%をもたらすという事実も明らかになりました。その結果、トライアルユーザーの獲得よりも、ヘビーユーザーの獲得の重要性が認識されるようになったのです。FSPデータの登場以降、多くのマーケターがヘビーユーザーの獲得を重視するマーケティングの基本方針を持つようになりました。

以上のことから、デジタル化の進展はマーケティングの基本方針を変えてきました。特に近年においては売り上げの主軸となるヘビーユーザーの獲得が、マーケティングにおける優先課題となっています。

※1
優良顧客層を見つけるための分析。すべての顧客の購買履歴を購入額順に並べて10等分し、売り上げへの貢献度が高い層を探す方法。

デジタル時代のSPの特徴③：アンバサダー獲得を重視

　企業の業務がデジタル化した結果、それに合わせて行動が変化してきたように、消費者のデジタル化は消費者の行動を変化させました。消費者のデジタル化によって、企業から消費者へという今までの情報の流れが変わりました。消費者がほかの消費者に情報を発信する、また消費者がほかの消費者の発信を検索するようになったのです。このように企業が介在しないコミュニケーションが影響力を持つようになれば、必然的に自社ブランドに対する好意的な発信を行う消費者が多ければ、企業は有利な状況をつくることができます。このようなブランドに対する好意的な発信を行う消費者は「アンバサダー」と呼ばれます。消費者のデジタル化が進んだ環境下においては、どのようにしてアンバサダーを育成、獲得するかも近年におけるマーケティングの優先課題になっています。

デジタル時代のSPの特徴④：顧客経験価値を重視

　前項までに述べたデジタル化と平行して、進行したのが製品のコモディティ化です。コモディティ化とは、技術の成熟化が進むことで、製品価値（製品間の品質や機能などの価値）による差を生むことが困難な状態を言います。コモディティ化の結果、価格のみが差別化要因となり、市場における価格競争が進み、カテゴリー全体の収益性が悪化します。このようなコモディティ化した状況を打破するために、シュミット［1999］によって提唱されたのが「経験価値マーケティング」です。経験価値とは「品質や機能といった製品価値ではなく、製品を購入・消費する過程で得られる体験から得られる価値」を意味します。デジタル時代であるからこそ、リアルにおける経験がより一層貴重なものになっています。高い製品価値を前提として、

より高い経験価値を提供することが、今日における企業の重要課題です。必然的にSPも、いかに価値の高い経験に結びつけられるかが、課題となっています。

そして、経験価値の提供においてキーになるのは、リアルのSPです。消費者が利用するコミュニケーション・ツールに占めるデジタルの比率が増加するのにともない、情報提供の中心はデジタルに移行しました。その結果、リアルのSP量的比率は減少傾向にあります。しかしながら、リアルで実施されるSPは、顧客が体験を得る、より近い場所で展開できるというメリットを有します。このためSPは量的には減少傾向になっても、質的に変化し、経験価値提供の促進という新しい役割を担うようになりつつあります。ヘビーユーザーやアンバサダーを獲得するためにもリアル、デジタルが連携した経験価値の提供を重視する考え方が浸透しつつあります。

デジタル時代のSPの特徴⑤：カスタマージャーニーの管理を重視

マーケティング・ツールの拡大にともない、顧客とのコンタクトポイント（接点）の数は大幅に増加しました。その結果、コンタクトポイントの管理はより困難になりました。リアルの限られたコンタクトポイントを管理していたデジタル化以前よりも、現在ではより意識的にコンタクトポイントを管理する必要性に迫られています。この状況下で重視されるのが、「カスタマージャーニー」と呼ばれる概念です。カスタマージャーニーとは、当該ブランドに関する顧客の一連の体験を一つの旅にたとえて設計、管理する概念です。デジタルとリアルを横断し、見えづらくなっているコンタクトポイントを連続的に設計し、管理することが重要になっています。

4-3. サントリー「角瓶」のSP企画詳細

　前節で紹介したいくつかのポイントを踏まえつつ、サントリー「角瓶」のSP事例について整理していきます。なお、本事例はサントリー酒類の篠崎有平氏への取材、並びに守口［2009］、奥井［2010］、呉［2010］、高井［2010］とそれらに記載のサントリー酒類の田中嗣浩氏、竹内淳氏の発言内容に基づき整理したものです。

前提：「角ハイボール」以前のウイスキー市場の環境

　「角ハイボール」以前、ウイスキーを取り巻く状況は非常に厳しいものでした。（図表4－①）はウイスキー市場規模の推移を表したものです。国税庁がウイスキー類という分類で統計を取り始めた1962年度時点では、出荷量（課税移出数量）が5.1万klでした。その後、約20年間をかけて1983年度には37.9万klと7倍近くに市場規模は拡大しピークを迎えました。なお、その当時の同社の売り上げの約8割は、ウイスキーを含む洋酒部門からもたらされていました［高井2010］。

　そののち、チューハイブーム、ワインブーム、焼酎ブームなど消費の多様化の過程でウイスキー離れが進み、ボトム時の2007年度には6.5万klにまで落ち込みました。約20年をかけて計測開始から7倍近くに伸びた市場規模は、その後の約20年でピーク時の6分の1に縮小したのです。もし仮に、2007年頃までの傾向がそのまま続いていたなら、本書執筆時点の2016年には、計測開始以来最低の数値を更新していた可能性も十分にあったと予想されます。このような厳しい市場環境の中で、ウイスキー市場の底割れを回避してＶ字

回復を成し遂げた立役者が「角ハイボール」でした。

　なお、ハイボールとはウイスキーを炭酸水で割ったカクテルのことです。戦後、同社のウイスキー「トリス」のハイボール（トリハイ）を飲むことができるトリスバーが人気となり、ウイスキーが市場に浸透するきっかけとなりました。また需要減少期の1997年から数年は、「Ｄハイ」（でっかいハイボールの略）という名称で、レモンを搾ったハイボールを大型タンブラーで飲む、角ハイボールとかなり類似した飲み方の提案が行われていましたが、需要創造には至りませんでした。つまり、ハイボールによる飲み方自体は新しい提案ではありません。同じ提案でありながら、なぜ角ハイボールの事例は成功したのか。成功のポイントとなった箇所を順に整理していきたいと思います。

ウイスキー市場規模の推移　　　　　　　　　　　　　（図表4-①）

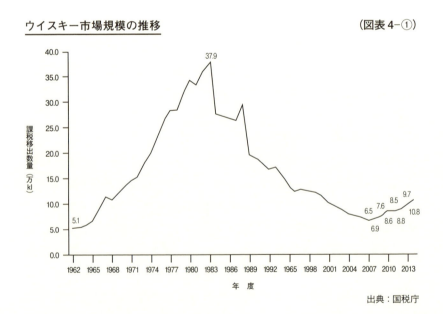

出典：国税庁

事例に学ぶポイント①：現状分析と課題の抽出

「サントリー創業以来の事業であるウイスキーを、なんとかしなければならない」という熱意を担当部署が持っていたことに加え、当時の辛辣ともいえるほどだったウイスキーに対する現状分析の結果を、危機感を持って受け入れたことを取材と取材記事から共通して読み取ることができます。サントリーはウイスキーの売上回復を目指すにあたり、調査を実施しました。その結果、若年層がウイスキーに対して「古臭い・飲みにくい・飲む場所がない」と、好ましくないイメージを有していることが明らかになりました。同社ではこれを「三重苦」と呼び、その克服策を模索しました。

まず「古臭い」というイメージは、そもそも若年層にウイスキーとの接点がないことが原因で生じたイメージでした。かつては、一軒目は居酒屋、二軒目はバーやクラブに行く"はしご酒"をする機会が多く、二軒目ではウイスキーを飲む習慣が形成されていました。しかし、若年層が一軒目で飲食を終え解散するようになり、そもそもウイスキーと接する場面がなくなった結果、「ウイスキーは年配の飲むお酒、古臭い」とのイメージが形成されてしまったのです。実際に、「角ハイボールに取組む以前の角瓶のキャンペーンでは、応募者の平均年齢が毎年少しずつ高くなっていた」（篠崎氏）など若年層の流入がないことが浮き彫りになっていました。このイメージを打ち破り、若者に「自分たちのお酒」というイメージを形成するために、まずは一軒目で飲んでもらう、という課題を克服すべきであることが明らかになりました。

「アルコールがきつい」「食事に合わない」「飲みにくい」というイメージは、若年層がアルコール度数の高いお酒を敬遠する傾向から

生まれました。当時のサントリーでは、水割りなどで、現在（アルコール度数約8%）よりもやや濃い目（約13%）の割り方を推奨していました。しかし、二軒目で食後酒を飲む習慣がなくなり、一軒目で食中酒として飲んでもらうのであれば、アルコール度数を抑え食事に合うレシピを開発する必要がありました。

「飲む場所がない」というイメージは、二軒目に行かなくなったこと、そして一軒目の居酒屋でもウイスキー離れのために商品の取扱いがなく、あったとしても目立たず選ばれないことで形成されたイメージでした。篠崎氏はこの当時を「たとえば居酒屋のメニューにウイスキーの欄があったとしても、『角瓶シングルX円、ダブルY円』と書かれているだけで、飲んでみたいと感じる要素もなかった。一部のウイスキー愛好家を除き、ただスルーされるだけの状況でした」と表現しています。また店舗側も「どうせ置いたって、売れないよ」（田中氏）と、どこに営業をしてもメニューにすら載せてもらえない状況が続きました。まずは業務用市場における顧客である、飲食店店主にウイスキーを受け入れてもらう必要に迫られていました。

以上のように、現状を適切に分析し克服すべき課題を明らかにしたことが、取り組むべき活動を明確にすることに繋がりました。

事例に学ぶポイント②：角ハイボール以前の取組み

角ハイボール以前のマーケティング・SPは、リアルのSPがメインでした。家庭用市場を対象にしたスーパーや酒販店の店頭での特別陳列、チラシ掲載、懸賞などを展開し、また陳列棚の中に大規模なフェイス数を確保するなど、角瓶を露出させ、視認率を高める試みが継続されていました。しかし、その他の業務用市場（飲食店

市場）やデジタルでのSPは特に実施しておらず、デジタル時代にあってはやや限定的な展開でした。しかし、広域な小売店の販路を持っていたことは、業務用市場から家庭用市場へのマーケティング展開の拡大を成功に導くに当たって、潜在的には大きな役割を果たしたといえます。

事例に学ぶポイント③：目的の明確化

　角ハイボールのマーケティングは、最終的に消費者に取ってもらいたい行動が具体的かつ明確でした。それは「古臭い・飲みにくい・飲む場所がない」状況を克服し、「自分たちのお酒を、美味しく、いろいろなお店や自宅で飲める」状況に変えることです。そして、奥井［2010］において竹内氏が述べている、「1本1400円ほどの角瓶を買って下さいとお願いしても無理。しかし、ハイボールはさわやかな飲み方として誰にでも薦められる。まずは一杯飲んでもらえれば、徐々にウイスキーに親しんでもらえるはず」という考えにもとづき、「まずは一杯飲んでもらう」ことから生まれる「経験価値」の提供を主軸に据えて目的達成を目指しました。

事例に学ぶポイント④：PDSサイクルを回す

　前項で述べたように、店頭でトライアル購買の獲得をすることは困難であるため、サントリーは業務用市場で飲用体験の提供を目指しました。しかし初めから飲用体験を実現するための大規模な計画があったわけではなく、様々な試行錯誤を繰り返し、PDSサイクルをしっかりと回すことで目的は徐々に達成されていきました。角ハイボールにおけるPDSサイクルの、最初のP（計画）は2007年の夏に東京の1店舗で始まりました。角瓶愛好家の飲食店経営者から、

「角瓶を使った飲食店の開発」について依頼を受け、「ジョッキで角ハイボールを飲む」スタイルのお店を開発し、30代を中心とする顧客からの高い支持を集めることに成功したのです［奥井 2010］。一部の愛好家や中高年層ではなく、30代の来店客が一斉にハイボールの飲む姿に手応えを得たサントリーは、①新しいスタイルの開発（一軒目のお店で、生ビールのようにジョッキで飲むスタイルの開発）、②新しいレシピの開発（アルコール度数を従来よりも抑え、レモンを加えたレシピの開発）、③新規販路の開拓（新しいレシピ、スタイルのハイボールを飲めるお店の開拓）により三重苦の克服を目指しました。

　最初のPDSサイクルの成果を受け、2008年春には「飲用時品質」（お店で飲んだ時の品質）を維持し、店内で角ハイボールを飲めることを訴求するPOPを兼ねた「角ハイボールタワー」（ハイボールを抽出するマシン）を開発し、数店舗に設置を始めました［奥井 2010］。2008年夏には、営業部隊による本格的な販路開拓が開始されました。また、角ハイボールは生ビールに比して原価率が低く、店舗の利益を出しやすいというメリットもありました。当時はデフレの直中にあり①低価格に設定しながらも、②利益を確保し、かつ③他店の差別化を図りたいと考える店主のニーズに合致した形になり、急速に取扱店舗が拡大しました。2007年夏に1店舗から始まった角ハイボールは、2010年末には国内30万店ある全飲食店の1/3強にあたる13万店に導入されました。

事例に学ぶポイント⑤：最初は濃く狭く展開せよ

　ヘビーユーザーの獲得とアンバサダーの獲得が、デジタル時代のマーケティングの基本方針であることはすでに述べた通りです。

角ハイボールの展開もまさに、その典型例であるといえます。

　まずは業務用市場における顧客（飲食店店主）獲得の、展開内容をみてみましょう。角ハイボール以前と以後の違いについて、篠崎氏は「たとえば一晩に10000杯の消費を目指す時、角ハイボールの取組みを開始する前の営業スタイルは、1日1杯売れるお店を10000店獲得することを目指すというものでした。しかし、角ハイボールの取組みでは1日100杯売れる店を、100軒獲得しようという発想に変えました」と述べています。そして、角ハイボールが1日100杯売れる店は、その店舗の存在自体が角ハイボールをほかの店主達に周知し、導入のきっかけをつくる自然発生的なアンバサダーとなります。

　この「一つの店の中で、皆で角ハイボールを飲む」体験は、飲食店の若年層の顧客にとってもウイスキーは年配がバーで飲むもの……というウイスキー像を変える体験を提供しました。薄く広くではなく、最初は濃く狭く展開し、それを拡散してゆく営業スタイルはBtoCの観点からもメリットが大きかったといえます。また、飲酒運転の防止などの理由で、実施しにくくなっているスーパーマーケットや酒ディスカウントストアでの試飲会やデモ販に代わり、ブロガーを集め角ハイボールのつくり方のコツや飲み比べなどを行うイベントを開催しました。これは将来のクチコミの発生に向けた、ブロガーをアンバサダー化するためのイベントであったと位置付けられます。

事例に学ぶポイント⑥：体験価値増幅のためのデジタルの活用

　角ハイボールの取組みでは、Online to Offlineの送客を狙った

プロモーションが一方通行で終わるのではなく、リアルの体験をデジタルで拡散し、そこから再びリアルの体験を生み出すカスタマージャーニーが設計されました。この体験数の増幅がデジタルによって生み出されている点も、角ハイボールSPの特徴だといえます。

たとえば業務用市場のデジタルの仕掛けであれば、ブランドサイトにかつてあった『ハイボールが飲めるお店』ページが該当します。この場合「①飲食店での飲用体験（リアル）→②角瓶のブランドサイト内『ハイボールが飲めるお店』リストページから店を検索し、オンライン・クーポンをダウンロード（デジタル）→③ほかの店舗での飲用体験（リアル）」というデジタルが体験を増幅するカスタマージャーニーが設計されています。

家庭用市場に向けたデジタルの仕掛けも、体験促進のために機能しています。角瓶は2008年末で角ハイボール取扱店舗数15000店を達成し、2009年春から家庭用市場へのアプローチを本格化しました。2009年春からは、「飲食店の店主を人気女優の小雪が、若手サラリーマンをお笑い芸人や俳優たちが演じ、角ハイボールの魅力を訴求する」CMが本格投入されました。そして、家庭における体験価値を高めるためにつくられたのが、小雪が角ハイボールのつくり方を説明し、デモンストレーションを行う動画です。このデジタル時代のデモ販ともいうべき動画は動画サイトのYouTubeで2009年夏にアップされ、当時の企業投稿動画としては異例の120万再生を達成しました。この動画は田中氏が「あとで調べると、投稿後すぐに人気動画にランクインされ、それをネット上のニュースサイトが取り上げる。あるいは、視聴したユーザーがブログやTwitter、メールで紹介したり、ほかの動画共有サイトに転載したりと、クチコミのスパイラルが生まれていました。その広がりには驚かされまし

た」と述べる様にデジタル特有の拡散力を持ったコンテンツとなりました [呉2010]。この動画も飲食店で角ハイボールの美味しさを味わった顧客が、デジタルを通じて美味しいつくり方を知り、自宅で角ハイボールを楽しむ経験価値を提供するためのカスタマージャーニーを形成することに貢献したといえます。

事例に学ぶポイント⑦：カスタマージャーニーにおけるブランド管理

　デジタル時代になってから、消費者を取り巻く情報量は飛躍的に増加しました。自社商品が、膨大な情報に埋没しないためには、ブランド化を意識した施策が重要になります。このような状況下において、サントリーは一般名称のハイボールではなく「角ハイボール」というジャンルのブランド化に取り組みました。このブランド化は守口 [2009] に述べられているように、「ハイボールといえば角瓶」という連想の形成に大きな役割を果たしたといえます。

　さらにリアルの限られたコンタクトポイントを管理していたデジタル時代以前と異なり、デジタル時代ではコンタクトポイントがリアルとデジタルをまたぐようになりました。消費者とのコンタクトポイントがより多様になったデジタル時代において、ブランド化を実現するためには、ブランド管理がより一層重要になったのです。もしもコンタクトポイントごとにブランドから発せられるイメージが異なれば、カスタマージャーニーの過程で蓄積されたイメージが想起されにくくなります。

　この点に関して、角ハイボールではすべてのコミュニケーション・ツールを同社内で「角ハイボール・イエロー」と呼ぶ黄色を基調としたイメージに統一しました。従来では、飲食店内や小売店頭におけ

るPOPなど、プロモーション・ツールは営業拠点のスタッフが個別に作成するのが基本でした。それに対し、角ハイボールではブランドに関わるスタッフが作成したツールを、サーバー（角ハイボールタワー）、ジョッキ、POP、ポスター、ノボリなどのリアルのコミュニケーション・ツールから、Webサイトなどのデジタル上のコミュニケーション・ツールまで、すべてのコンタクトポイントで一貫して徹底的に管理することで、ブランドのイメージが途切れにくいカスタマージャーニーの実現を可能にしました。

4-4. 第4章のまとめ

● 「経験価値」を中核とした顧客獲得

　デジタル化と平行して、製品のコモディティ化が進行しました。このコモディティ化した状況を打破するために、シュミット［1999］によって提唱されたのが「経験価値マーケティング」です。高い製品価値を前提として、より高い経験価値を提供することが今日におけるSPの課題となっています。

● ヘビーユーザー、アンバサダーの獲得

　FSPデータ登場以降、多くのマーケターが売り上げの主軸となる「ヘビーユーザー」の獲得を重視するようになりました。またSNSなどの消費者間コミュニケーションが普及したことにより、自社ブランドに対する好意的な発信を行う消費者が多ければ、企業は有利な状況をつくることができるようになりました。このようなブランドに対して好意的な発信を行う、「アンバサダー」の獲得が重要になりつつあります。

●経験価値に繋がるデジタルを含むカスタマージャーニーの構築

　デジタル化により、消費者とのコンタクトポイントは増加しました。この状況下で重視されるようになったのが「カスタマージャーニー」と呼ばれる概念です。カスタマージャーニーとは、当該ブランドに関する顧客の一連の体験を一つの旅にたとえて設計、管理する概念です。デジタルとリアルを横断し、見えづらくなっているコンタクトポイントを連続的に設計、管理することが重要になっています。

<了>

第5章

売り場づくりのノウハウ

執筆：横浜国立大学大学院国際社会科学研究院 准教授
　　　鶴見裕之

5-1. 売り場づくりとは

　本章では、売り場づくりのノウハウについてインストア・マーチャンダイジング〈ISM（イズム）〉の理論に基づき説明します。なお、ISMとは「①小売店頭で、②市場の要求に合致した商品及び商品構成を、③最も効果的で効率的な方法によって、消費者に提示することにより、④資本と労働の生産性を最大化しようとする活動」のことをいいます［田島1989］。今日、売り場づくりはISMの理論とPOSデータを用いて小売業・卸売業・製造業が協働して行うようになっています。

　売り場づくりはスペース・マネジメントと、インストア・プロモーションから構成されます。スペース・マネジメントにはフロア・マネジメントとシェルフ・マネジメントが該当します。インストア・プロモーションには価格プロモーションと非価格プロモーションが該当します。このようにインストア・プロモーションは、売り場づくりの一翼を担う活動です。SP担当者は、自らが売り場づくりに深く関与していることを意識する必要があります。

第5章のポイント
- ☐ 売り場づくりの理論は、インストア・マーチャンダイジング（ISM）。
- ☐ ISMでは品揃えとその掲示方法により、資本と労働の生産性を最大化する。
- ☐ 今日の売り場づくりは小売業・卸売業・製造業が協働して実施されるようになっている。

売り場づくりの全体像 (図表5-①)

ISM(インストア・マーチャンダイジング) = 売り場づくり

- スペース・マネジメント（狭義のISM）
  - フロア・マネジメント
  - シェルフ・マネジメント

- セールスプロモーション
  - インストア・プロモーション（ISP）
    - 価格プロモーション
      値引き、バンドル、会員価格、ターゲットクーポン等
    - 非価格プロモーション
      特別陳列、POP、デモ販、クロスMD、サンプリング等
  - アウトストア・プロモーション
    - 価格プロモーション
      キャッシュバック等
    - 非価格プロモーション
      チラシ、DM、懸賞、コンテスト等

出典：著者作成

5-2. セールスプロモーションにおける"売り場"の位置付け

セールスプロモーションから見た"売り場"の重要性

　SP手法の代表的な分類方法には、以下のものがあります。その分類基準となる要素はいずれもSPを計画するうえで、キーとなる要素となっています。

○実施する主体と対象による分類（誰が誰に実施するか？）
　・小売プロモーション（小売業が消費者に）
　・消費者プロモーション（製造業が消費者に）
　・流通プロモーション（製造業が小売業に）

○実施する方法による分類（どう実施するか？）
　・価格プロモーション
　・非価格プロモーション

○実施する場所による分類（どこで実施するか？）
　・インストア・プロモーション
　・アウトストア・プロモーション

　実施場所による分類ではSPを、売り場で展開する「インストア・プロモーション」、売り場以外で展開する「アウトストア・プロモーション」に分類します。「誰が、誰に対して、どのように、どこで」SPを展開するか？　どの要素が欠けてもSPを適切に計画・実施することはできません。それゆえに、SPの場は重要な意思決定要素となり

ます。そして、SP手法の多くは売り場において実施されます。そのため、展開の場である売り場は非常に重要な位置付けにあります。

"売り場"から見たSPの重要性

　SPが売り場で多数実施されるということは、逆に売り場づくりの観点から見てもSPが重要な位置付けにあることを意味します。売り場にもたらされる売り上げの観点から、その重要性を確認してみましょう。流通経済研究所［2014］によるとスーパーマーケット、総合スーパーの特売金額比率（全売上金額に占める値引き実施時の売上金額）はおおむね30％〜40％となっています（図表5－②）。当該の指標は値引き実施時の比率なので、それ以外のインストア・プロモーションが実施されている際の売り上げを加算すれば、その

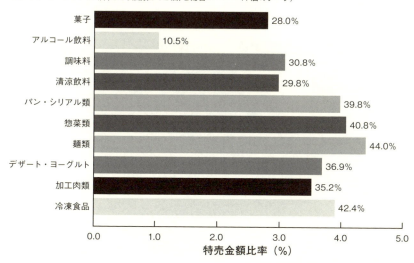

GMS・SMの売上金額上位10分類の特売金額比率　　（図表5-②）

出典：流通経済研究所（2014）

比率はより高くなると予想されます。このようにインストア・プロモーション実施時の売り上げは少なくない割合となっており、売り場づくりを考えるうえでもSPは非常に重要な位置にあります。SPと売り場づくりは、相互に連携を必要とするパートナーともいえる存在です。連動が上手くいかない場合、双方ともに成功はおぼつかないものとなります。

マーケティング全体から見た"売り場"の重要性

　売り場が重要だというのは、SP担当者に限定される話ではありません。マーケティング全体から見ても、売り場は極めて重要な場所です。なぜならば、消費者の意思決定に売り場が強い影響を与えているからです。消費者の意思決定に売り場が強い影響を与えているという事実は、非計画購買率から確認することができます。計画購買とは、「来店前に購買する商品を決定している購買行動」を意味しています。非計画購買は、その逆の購買行動です。この非計

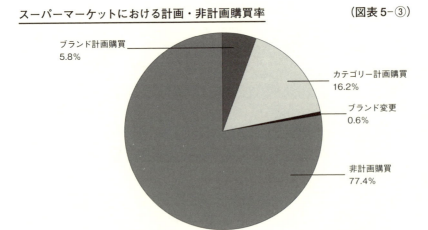

スーパーマーケットにおける計画・非計画購買率　　（図表5-③）

ブランド計画購買 5.8%
カテゴリー計画購買 16.2%
ブランド変更 0.6%
非計画購買 77.4%

出典：流通経済研究所（2016）

画購買の比率は業態にもよりますが、スーパーマーケットの場合、全購買アイテムの8割を占めています（図表5－③）。つまり、スーパーマーケットで購買される商品が決定するのは、家の中のテレビCMを見ている時でもなく、電車の中でスマートフォンを見ている時でもなく、売り場で商品を選んでいる瞬間が最も多いといえます。その瞬間に働きかけることを怠っていては、購買を獲得することは難しいといえます。それほどに売り場とは重要なのです。

5-3. 売り場をプランニングする

売り場づくりの主体　誰がつくるのか？

　本節では「誰が、なにを目標に、売り場のどこを、いつ、どのように設計するのか」という流れについて確認していきます。POSデータの登場をきっかけに、売り場づくりのあり方は大きく変わりました。そして、POSデータは売り場づくりの主体そのものを変えました。売り場づくりをするのは小売業者です。ただし、今日においては売り場の中でも、シェルフ・マネジメント（棚割計画のこと……棚割とは商品棚でなにを、どのように陳列するかを計画する活動）やインストア・プロモーションは、小売業と卸売業、製造業が協力して計画を立てるようになりつつあります。

　デジタル・データが持つ特徴の一つに、共有のしやすさがあります。たとえば紙のデータを大量に複製し、共有するには多くのコストがかかります。一方で、デジタル・データはその規模にもよりますが、紙ほどにはコストを要さず大量のデータを共有することができます。

このようなデジタル・データの特徴を下地に広がったのが協働MDです。MDとはマーチャンダイジングの略で、マーチャンダイジングはISMよりも広い概念で客層設定、品揃え、商品調達、売り場づくり全般を指す言葉です。売り場は小売業が計画・管理するものですが、製造業や卸売業にとっても最終的な売り上げが決まる場であり、利害が共通する場であるといえます。また、小売業にとってもデータ分析や情報収集などの作業が分担できれば、協働化することにメリットが生まれます[※1]。

　このような協働MDの取り組み方法を模索する中で、戦略的な事業単位を「カテゴリー」に設定しようという流れが生まれました。カテゴリーとは代替性、補完性、管理可能性を有する商品群のことをいいます。また、カテゴリーを細分化したものをサブ・カテゴリーと呼びます。たとえば「栄養ドリンク」がカテゴリーであれば「男性向け」「女性向け」がそれぞれサブ・カテゴリーに対応します。

　一般に、製造業にとっての戦略的な事業単位は、ブランド（もしくはアイテム）です。一方で、小売業にとっての戦略的な事業単位は店舗ということになります。ブランドの売り上げと利益を高めたい製造業、店舗の売り上げと利益を高めたい小売業、とそれぞれの主張を展開していては、力を合わせて売り場をつくることは不可能です。そこで双方が協働できる単位として、「カテゴリー」が用いられるようになりました。ブランドの売り上げは「カテゴリーの売り上

※1
このような売り場づくりを含む様々な活動を取引企業間で一体的に連携し、流通全体の最適化・効率化を目指すECR（efficient consumer response）という考え方が1980年代に登場しました。

げ×ブランドのインストア・シェア」なので、カテゴリーの売り上げが大きくなれば自社の売り上げが大きくなることに繋がります。また店舗の売り上げは各カテゴリーの売り上げの合計値であるため、カテゴリーの売り上げがあがれば店舗の売り上げが大きくなることに繋がります。このようにカテゴリーを戦略的事業単位に採用する協働MDは、「カテゴリー・マネジメント」と呼ばれることがあります。この展開はPOSデータの登場なしには、ありえないものでした。そして、今日においては小売業の仕入担当者（バイヤー）と、卸売業・製造業の営業担当者がPOSデータを共有し、売り場づくりを行うことは一般的になっています。

売り場づくりの管理指標　なにを目標につくるのか？

　カテゴリー・マネジメントの考え方が浸透して以降、「カテゴリー売り上げ」が売り場づくりの管理指標に使われるようになりました。（図表5-④）のように、カテゴリー売り上げは「カテゴリー客数」と「カテゴリー客単価」に分解できます。漠然と売り上げを高めようとしても、具体的な課題が明らかにならなければ見当違いの施策を打つことになります。SPの精度を高めるためには問題の詳細を明らかにしたうえで、より目的（例：買上点数を高める）・目標（例：買上点数を2から2.5にする）を設定する必要があります。

　なお、カテゴリー客数は「来店客数」と「カテゴリー購買率」に分解できます。またカテゴリー客単価は、カテゴリー商品単価とカテゴリー購買点数に分解できます。これらの指標をすべて明らかにするためには、FSPデータが必要です。ただし、カテゴリー客数の指標を分解する以外は、POSデータでも明らかにすることができます。改善を要する指標は、他カテゴリーをベンチマークとして比較を行

うことにより抽出します。

プロモーション手法と目的の関係　　　　　　　　　　（図表5-④）

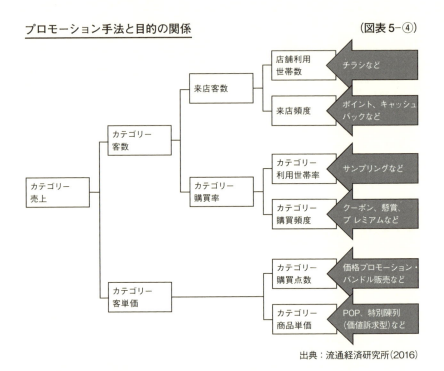

出典：流通経済研究所(2016)

売り場の構成要素　売り場づくりの範囲とタイミング

　（図表5-①）で先述したように売り場づくりはスペース・マネジメント、インストア・プロモーションで構成されます。スペース・マネジメントの対象にはフロア・レイアウトの設計、棚割の設計が含まれます。フロア・レイアウトは数年に一回、棚割が春と秋の半期に一回変更されます（ただし小規模な改善は随時行われています）。一方、インストア・プロモーションの対象には、値引き、特別陳列、POPなどが含まれます。インストア・プロモーションは一週間から数日に一回、短い場合は1日に一回変更されます。機動的に実施さ

れるインストア・プロモーションは売り場づくりにおいて高い頻度で変更され、それにともない、売り場づくりの担当者はSPに関する多くの意思決定を行うことになります。

なお「売り場づくり」と聞くと、「場」「スペース」という、店内のハードを設計する作業のように感じるかもしれません。たしかにスペース・マネジメントによるフロア・レイアウト、棚割といったハードの設計も売り場づくりの範囲に含まれます。ただし、ISMの理論ではハードづくりだけではなく、インストア・プロモーションによる値引き、POP、特別陳列、といったソフトも売り場づくりの範囲に含めることになります。つまり、効率的に目標に達するため売り場のハードとソフトを一体的に設計する作業が売り場づくりだといえます。

売り場づくりの流れ　どうつくるのか

売り場づくりもマーケティングの一つであり、標準的なマーケティングの流れによって構築されます。一般的なマーケティングの流れは「①環境分析と市場機会の発見→②マーケティング戦略（STP）の策定→③マーケティング戦術（4P）の策定→④実施・評価」の順に行われます。①環境分析と市場機会の発見のステップでは、3C分析、PEST分析、SWOT分析によって社会や商圏から必要とされる売り場のあり方を検討します[※2]。

※2
3C分析とはCustomer（顧客）、Competitor（競合）、Company（自社）の頭文字を取った環境分析の手法。PEST分析とはPolitics（政治）、Economy（経済）、Society（社会）、Technology（技術）の頭文字を取った環境分析の手法。SWOT分析とはStrength（強み）、Weakness（弱み）、Opportunity（機会）、Threat（脅威）の頭文字を取った環境分析の手法。

たとえば、ある商圏に出店を検討する小売業が、「当該商圏には総合スーパーはあるものの、高級な商材は遠方のデパートで買う高所得者層がいる」という環境分析の結果から、そのビジネスチャンスを発見する作業が該当します。②マーケティング戦略（STP）のステップでは、①の内容を踏まえ、売り場のターゲット層とポジショニングを検討します。①の環境分析の結果、高所得者層をターゲット層とする売り場が求められているとしたら、総合スーパーとの差別化を実現する高級スーパーというポジショニングを検討することが該当します。③マーケティング戦術（4P）の策定では、品揃え（product）、店頭価格の設定（price）、店頭プロモーション（promotion）、立地・売り場（place）について検討します。たとえば②のステップで検討した、STPの戦略目標を達成するには、総合スーパーの品揃えよりも上位の品質の商品の品揃え、やや高めの店頭価格の設定、品質の高さを伝えるPOPの充実、総合スーパーを補完する立場としての狭く深い品揃えを実現する立地と売り場を、検討することになります。次節では、あるSTPの戦略と立地がすでに策定されているという状態を想定し、売り場のレイアウト、棚割、特別陳列の策定方法について基礎知識を整理します。

5-4. 売り場づくりのポイント
具体的になにをやるか

売り場づくりの基本となる流れ

売り場における「レイアウト」「棚割」「特別陳列」のいずれのレベルにおいても、「①品揃えを策定し、②配置を最適化する」という流れが基本となります。なお、品揃えとは、市場に属する仕入可能

な商品の集合から、ターゲットとなる顧客のニーズに対応した商品を選択する作業（もしくは選択された商品の集合）をいいます。

レイアウト設計のポイント

　レイアウト設計における品揃えとは、売り場で取り扱うカテゴリーの選択とその売り場スペースの配分を決定することを意味します。取扱いカテゴリーの選択は、仕入可能なカテゴリーの集合から、ターゲットとなる顧客のニーズに対応したカテゴリーを選択し、組み合わせる作業であると言い換えることができます。しかし、顧客ニーズにしたがうといっても、そのすべてのカテゴリーを取り揃えることは空間上、管理上の問題から困難です。したがって、カテゴリーを取捨選択する必要があります。取捨選択の優先順位はカテゴリーの役割をヒントに検討することができます。

　消費者から見たカテゴリーの役割は「Destination（目的地）」「Routine（日常）」「Convenience（利便性）」「Seasonal/Occasional（季節/催事）」が該当します。カテゴリーレベルの品揃えを検討するうえで、それらを適切に組み合わせる必要があります。

　目的地カテゴリーは、消費者の来店目的となるカテゴリーです。目的地カテゴリーによって、店舗は消費者による店舗選択の選択肢に入ります。当該カテゴリーは全カテゴリーの数%程度ですが、消費者の計画購買カテゴリーになります。もし当該カテゴリーの売り場の魅力が劣っていれば、レイアウト以前に来店もされません。したがって、競合に負けない品揃えの深さが必要とされます。この目的地カテゴリーにより来店客が生まれ、そして目的地カテゴリーを起点として売り上げや消費者満足度が生み出されるのです[※3]。

日常カテゴリーは、消費者が習慣的に購買するカテゴリーです。日常カテゴリーの品揃えによって当該店舗は消費者の店舗選択の選択肢として確立されます。割合としては全カテゴリーの50％以上を占め、競合と同程度の品揃えの深さが必要とされます。また店舗にとっては利益やキャッシュフローを生み出す役割を担います。

　利便性カテゴリーはワンストップショッピングの実現により、消費者の買い物の効率性を向上させる役割を持つカテゴリーです。前面に出るわけではありませんが、品揃えを補完するものです。限定的な品揃えやスペースで販売され、店舗にとっては追加的な売り上げや利益を生み出します。

　季節/催事カテゴリーはある特定の期間に販売されるカテゴリーです。当該期間中は目的地カテゴリー、もしくは利便性カテゴリーとして扱います。

　目的地カテゴリーを核に、その他の役割のカテゴリーを組み合わせて、店舗オペレーションなど人的制約と売り場面積などの物理的な制約を加味し、カテゴリーレベルの品揃えを検討します。そのうえで売り場スペース配分を検討します。スペース配分に際しては、予測される売り場面積あたりの売上高を試算し、一定レベル以上の生産性が確保されるスペースを配分します。また見直しに際しては、売り場面積あたりの売上高を評価し、高いカテゴリーはスペースの拡大、低い場合はアイテムレベルでの品揃えの見直し、再配置、ス

※3
取扱いカテゴリーの数を「品揃えの広さ」、カテゴリーあたりの取扱アイテムの数を「品揃えの深さ」と呼びます。

ペースの縮小を検討します。

　カテゴリーの配置に際しては、消費者の買い物順序を加味して、客動線をコントロールします。客動線をコントロールするうえで、管理対象となる指標は客動線長です。客動線が伸び、店内を買い回る過程で、様々な商品との接触が増えます。その結果、非計画購買の数は増える傾向にあります。客動線長を伸ばすためには、店内に計画購買率の高いパワーカテゴリー（マグネット商品）やプロモーション・コーナーなど店内を広く買い回ることを誘導する要素を店内に分散的に配置する必要があります。

客動線コントロールの考え方　　　　　　　　　　　（図表5-⑤）

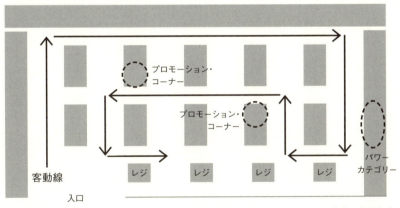

出典：著者作成

棚割設計のポイント

　棚割設計は①品揃えの選定、②陳列の設計、の流れで実施します。先ほど述べたように、品揃えとは、カテゴリーに属する仕入可能な商品の集合から、ターゲットとなる顧客のニーズに対応した商

品を選択する作業、もしくは選択された商品の集合をいいます。もし、仕入可能な商品集合のなかにニーズを満たす商品がない場合、PBの開発、もしくは仕入れ先の開発という形で仕入可能な商品の集合を小売業自らが拡大することになります。

　品揃えは、カテゴリー、もしくはサブ・カテゴリーのマーケット・カバレッジ（市場カバー率）を基本に検討されます。マーケット・カバレッジとは品揃えに含まれる商品が市場シェアの何％を占めているかを意味します。またどの程度のマーケット・カバレッジを目指すかはポジショニングの戦略に基づき決定されます。ターゲットの顧客に対して、どのようなポジショニング戦略を取るかによって、マーケット・カバレッジの範囲は変わってきます。たとえば、高級食品スーパーの場合、遠方を含む中高所得者層の顧客に一般のスーパーの品揃えにはない高価格商品をそろえることを、品揃え指針とすることになります。したがって一般的な品揃えを目指す必要はなく、マーケット・カバレッジは低くても問題にはなりません。逆に店舗周辺地域の需要を広範囲に吸収する総合スーパーの場合、「他店において人気の商品が商品棚にない」事態は避ける必要があります。したがってマーケット・カバレッジを高くすることを、品揃え指針とする必要があります。

　品揃えを決定したら、次に陳列を設計します。陳列の検討は①グルーピング、②ゾーニング、③フェイシングの順に実施します［流通経済研究所 2016］。

　グルーピングとはカテゴリー内のアイテムを、サブ・カテゴリーにまとめる作業をいいます。グルーピングにより、消費者の情報処理が効率的になります。なぜまとまりをつくると、情報処理が効率的

になるのでしょうか。皆さんがスーパーマーケットに買い物に出かけ、店内で緑茶ドリンクを買うことを思い立ったとします。この時、飲料のアイテムがランダムに陳列されていたらどうでしょうか。たとえば、200mlの缶コーヒーの横に、500mlのスポーツドリンクがあり、その横に350mlの紅茶ドリンクがある……というイメージです。まず、緑茶を選びたいのに、商品がバラバラに陳列されていては、そもそも緑茶ドリンクを探すこと自体が大変です。そして、複数の緑茶ドリンクを見つけたとして、離れた場所にある商品をスムーズに比較するのは面倒に感じると思います。商品のまとまりがない棚割は選びにくく、ストレスが発生しやすい売り場となります。棚割の中に、まとまりをつくるのは非常に重要な作業です。では「まとまり」はどのようにつくれば良いのでしょうか。商品のまとまりは消費者が比較対象としている商品を把握し、それに沿うようにつくる必要があります。そのために消費者調査や購買履歴データ分析を実施します。

　次にゾーニングを検討します。ゾーニングではサブ・カテゴ

見やすい高さとゴールデンゾーン （図表5-⑥）

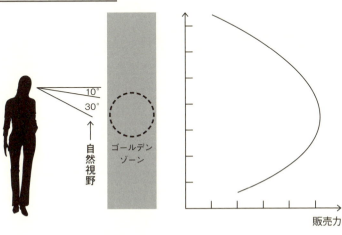

出典：流通経済研究所（2016）

リーごとの棚内のスペース配分、配置位置を決定します。スペース配分はサブ・カテゴリーの予測売上高に比例して配分します。また配置位置は人間の視野の範囲に基づき決定します。人間が自然に視線を向けている状態の視野の範囲を「自然視野」と呼びます。棚の前に顧客が立った時の自然視野の範囲内に、一つのサブ・カテゴリーが収まるようにゾーンニングをすることが理想です。また、来店客が棚の前に立った状態で最も視認されやすい（目に付きやすい）棚の高さのことを、「ゴールデンゾーン」と呼びます。セルフサービスの売り場において購入されるためには、必ず視認される必要があります。そのため、視認性を高めることは極めて重要な意味を持ちます。消費者の視野に入りやすく売り上げが高まりやすいゾーンには、高利益率などの理由で売上拡大を狙うサブ・カテゴリーもしくはアイテムを配置します。

　最後にフェイシングを実施します。フェイシングとは、サブ・カテゴリー内のアイテムのフェイス数を決定する作業のことです。フェイス数とは、棚中の商品の陳列個数のことです。売り上げに応じてフェイス数を配分することで、来店客から見た時に欲しい商品を探しやすい売場になります。また正しくフェイシングを行うと、バスタブのお湯が減る時に水平に減っていくように棚在庫が減っていきます。このことはバスタブ理論と呼ばれ、在庫補充、発注などの店頭オペレーションの効率化が図れます。

　わかりやすくするために例を挙げてみましょう。たとえば1日の売り上げが2個の商品Aと5個の商品Bがあったとします。そして1フェイスあたりの棚在庫が10個だったとします。この時、売り上げに応じてフェイス数を商品Aは2、商品Bは5と配分すると双方はちょうど10日後に棚在庫が切れるので、棚在庫が切れる前に2商品を同

時に補充、発注することができます。しかし、売り上げと対応せずにフェイス数を商品Aは5、商品Bは2と逆転させると、商品Aは50個の棚在庫が25日目でなくなります。一方で、商品Bは20個の棚在庫が4日間でなくなる計算になります。つまり、売れ筋の商品に十分なフェイス数を配分しないと、頻繁に補充・発注作業が発生し、店頭オペレーションの負荷が高まります。また頻繁に補充発注を行うということは、欠品のリスクが高まることを意味し、小売業の側から見れば機会損失となります。また、来店客の観点からは、売れ筋の人気商品ほど品切れになるため買い物の生産性が下がり、満足が得られにくくなります。以上の問題を回避するためには、売り上げに応じたフェイス配分が原則となります。

5-5. インストア・プロモーションのポイント

インストア・プロモーションの基本となる流れ

　インストア・プロモーションは、RPDS（Research-Plan-Do-See）のサイクルを回すように実施します。このインストア・プロモーションを実施するうえで重要なことは、棚割計画と同様に売り場の課題を明らかにして、その課題を克服する目的を具体的に設定することです。カテゴリーの売り上げは、（図表5－④）のように分解することができます。単に売り上げを増やすだけではなく、「売り上げを増やすためには、どの要素に改善の余地があるのか」をしっかりと把握して、その目的に応じたプロモーション手法を選択する必要があります。

　この視点は、インストア・プロモーションを提案する卸売業・製造

業にとっても重要です。単に自社アイテムのインストア・シェアを伸ばしたい、という視点では、企画が受け入れられる可能性は低くならざるを得ません。売り場の課題、目的とすべき要素を明らかにし、その目標のために対象アイテムのSPを通じてどのような貢献ができるかを、提案の内容と関連づける必要があります。売り場においてプロモーションをするわけですから、これは極めて重要な視点です。また、インストア・プロモーションはやりっぱなしになると、継続的な成功には繋がりません。その成果はしっかりと評価し、次の企画に繋げていく必要があります。評価方法については、次章で取り上げたいと思います。

価格プロモーション

　売り場づくりとの関連が深いインストア・プロモーションの種類に、価格プロモーション、POP、チラシ、特別陳列などがあります。ここでは、それぞれについて計画上のポイントを整理したいと思います。

　まずは価格プロモーションからです。消費者が感じる価値は、「効用／コスト」によって規定されます。分子は製品や買い物などから得られる効用、分母は支払う金銭的、精神的、肉体的なコストになります。この時に分子をより高めることで購買を促すのは非価格プロモーション、分母の金銭的なコストを小さくすることで商品の購買を促すのが価格プロモーションです。

　価格プロモーションの中では、売り場で最も実施される回数が多い手法が「値引き」です。いつでも、どこでも、誰にでも有効で、なおかつ即効性も高い万能薬のようなプロモーション手法です。しかし、強い薬には、強い副作用があります。具体的には値引きを実施する

と、消費者の内的参照価格が低下する副作用をともなうのです。内的参照価格とは、消費者の記憶にある商品の価格のことです。値引きの実施により、多くの顧客の内的参照価格が下がれば定価で買う顧客が減り、値引きをしなければ売れなくなる事態を招きます。さらに内的参照価格が下がる以前と同程度の値引きでは、以前ほどの売り上げの伸びは期待できなくなります。そのため、さらなる値引きを続け、利益を圧迫する危険性が高まります。値引きによる値崩れといった弊害から極度の値引きを回避し、ゴンドラでの10%程度の値引きを長期的に行う月間特売や、ターゲット・クーポンなどのデジタル・プロモーションを用いて、対象者を限定して実施する場合が増えつつあります。

POP

POPとは、Point of Purchase広告のことを指します。つまり購買時点で来店客に働きかける、広告手法のことです。POPの狙いは、消費者の視線を集めることにあります。それはゴールデンゾーンの項で解説したように、視認性の向上が売上拡大に繋がるためです。POPには価格プロモーションと連動して、値引きを告知する価格POPと、商品の特徴を告知する商品説明型POPがあります。ただし、POPに視線が留まる時間は極めて短い時間です。「商品説明型POP」とはいえ、ポイントとなるメッセージに収める必要があります。

チラシ

チラシは、来店促進を目的とした印刷物を配布する手法です。チラシはアウトストア・プロモーションに該当しますが、インストア・プロモーションと強く関連しますので、取り上げたく思います。売り場

やインストア・プロモーションがいかに魅力的であったとしても、その魅力を伝えることができなければ来店客数は伸びません。そのため、売り場、インストア・プロモーションでの訴求内容と連動したチラシ作成が重要になります（逆に、チラシが売り場づくりの指針を伝える役割を担っている場合もあります）。近年はインターネットの普及により新聞の購読率が低下しつつあるため、インターネットから閲覧できるWebチラシや、メールアドレスにチラシの内容を送付するメールチラシが実施されるようにもなっています。

特別陳列

　特別陳列とは、定番売場とは別の売り場で一定期間大量の商品を陳列する、インストア・プロモーションのことをいいます。ゴンドラの端で行う場合はエンド陳列、通廊内で平台など設置して行う場合は島陳列と呼ばれます。特別陳列により売り上げが高まる理由は、ますゴンドラ内の通路よりも通過率が高い売り場で実施されること、加えて陳列量が増えることで、視認性が高まることが挙げられます。より通過率の高い通路に面した場所で特別陳列を実施したほうが、売り上げは大きくなる傾向にあります。また売り場づくりの観点からは、定番売場は日々変化させることが難しいため、季節感やテーマ性などを伝える売り場に変化を与える機能も有しています。POPとの連動、チラシとの連動が重要となります。

5-6. デジタル時代の売り場づくり

　売り場のデジタル化は、POSデータの登場を契機に始まりました。そしてその後に続いたのがFSP（カード会員プログラム）の登場です。デジタル・データは登場の度にマーケティングの考え方、方法を変えてきました。POSデータの集計基準は、店舗です。FSPデータの集計基準は、顧客です。データの深化は、マーケティングの深化を促進しました。顧客レベルの購買行動が把握できるようになった結果、インストア・プロモーションもセグメンテーション・マーケティングだけではなく、ワン・トゥ・ワン・マーケティングを志向するようになりつつあります。ワン・トゥ・ワン・マーケティングによる顧客の囲い込みにかかるコストは、ほかのセールスプロモーションを削ることで捻出されています。小売業によっては、チラシを配布する範囲を厳選することで、費用を削減する場合があります。また製造業からの協賛金を得ることで、捻出されている場合もあります。製造業側はチラシに協賛し特売価格で販売すると商品の値崩れが起きる場合があるので、ポイントへの協賛により値崩れを防ぐことがメリットになります。また小売業の優良顧客とブランドの優良顧客が重複する場合、双方で囲い込むことが目的とされます。

　さらにこのFSPを基盤として、会員の購買実績に応じてターゲット・クーポンが提供されることがあります。特定の日にクーポンを持参することで、特定商品やバスケット全体に対する値引きが実施され、ポイントが付与される仕組みです。日本の消費者は、ポイントをコツコツ貯めることを好みます。一方で欧米では、折り込みチラシに掲載されたクーポンを切り取って割引を受ける習慣があったため、

事前に郵送された会員向けのクーポン冊子やキオスク端末で会員向けクーポンを提供する場合が多くなっています。

　このように新たなデジタル・データが、やがてマーケティングの考え方・方法を変えてきました。近年では、消費者のデジタル化という大きな変化も起きています。総務省による「通信利用動向調査」（図表5－⑦）によると、2013年末の時点で我が国のインターネットの人口普及率は82.8％となり、初めて8割を超えてそれ以降も高い水準を維持しています。通信利用動向調査が開始された2001年末時点では人口普及率46.3％であり、この12年間で普及率はおおむね2倍に伸びています。また平日1日のインターネット平均利用時間は、2012年は71.6分、2013年は77.9分、2014年は83.6分、2015年は90.4分と増加傾向にあります。休日も同じく増加傾向にあり、ネット上のコミュニケーションは普及率拡大のみならず、一人あたりの利用時間も増加しています。

　この過程で、Webやスマートフォンアプリを通じて、消費者を呼び込むための施策が登場しつつあります。このような施策全般を「O2O（オーツーオー）型プロモーション」と呼びます（O2OはOnline To Offlineの略）。ネット上のクーポンをスマートフォンで提示する、もしくは印刷し持参することで割引が受けられるO2O型クーポンや、先述の様にチラシをネット上で閲覧できるO2O型チラシ、書店等で実現されている店頭在庫の有無を確認できるO2O型在庫確認サービスなどが登場しています。また、単にプロモーション機能、情報提供機能だけではなく、次節で述べるECサイトの機能と融合し、ネットから店頭の在庫を買えることでより消費者の利便性が向上します。このような、リアルの売り場とネットがシームレスに一体化した小売業のことを、「オムニチャネル」と呼びます。

なお、このO2Oは「Offline To Online」のことを指す場合もあります。たとえば土産物の箱の中に、ネット上で商品を買えることを知らせて初回購入時に利用できるインパック・クーポンを添付することで、自社のお取り寄せサイトに顧客誘導する場合は、Offline To Online型の施策といえます。

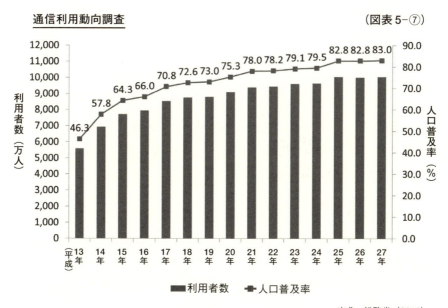

通信利用動向調査　　　　　　　　　　　　　　　　　（図表5-⑦）

出典：総務省（2016）

5-7. ECサイトの売り場づくり

　デジタル化によって、新たに登場した売り場がECサイトです。ECサイトの登場で、小売業は場所と時間の制約から解放されました。世界中のどこからでも、24時間買い物ができるECサイトは、消費者側のデジタル化にともない急激に広がりつつあります。前節で述べたように、データの深化はマーケティングの深化を促します。POSデータが店舗の販売実績、FSPデータが顧客レベルの購買実績を収集したのに対して、ECサイトでは購買実績に加えて、サイト内におけるアクセス・ログと呼ばれるクリックのログ、ヒートマップと呼ばれるマウスの通り道のログをはじめとするサイト内行動を詳しく知ることもできます。

　リアル店舗でいえば、客動線や視線の動きに相当する情報をサンプリングではなく、ほぼすべての顧客IDに関して知ることができます。どの検索ワード、どの広告、どのページから訪問したのかも把握することができるのです。また、ECサイトは売り場の変更が容易です。アクセスや、ID毎に閲覧するサイト外面を変更することも容易です。これらの特徴を活かし、ABテストと呼ばれる比較実験を行い、リアルの売り場よりも早いサイクルで売り場の改善を行うことができます。

　またECサイトは、通常の店舗を大幅に上回る広域な商圏を設定できます。売り場面積の制約を受けないため、非常に深い品揃えを行うことができます。そのため、リアルの店舗が売り場制約の都合上、切り捨ててしまった商品も取り扱うことができます。この商品群のことを、ロングテールと呼びます。本来は売れ筋商品ではないロ

ングテールの商品も、リアル店舗が取りこぼしてしまった商品を求める顧客を多数集めることで採算が成り立つようになります。ただし、ロングテールの商品は一つのカテゴリーであっても膨大な数にのぼります。消費者の求める商品を効率的に視認してもらうためには、レコメンド・システムを組み合わせる必要があります（レコメンドとは推奨を意味します）。推奨内容は、過去の購買履歴に基づき行われます。たとえば、過去に商品Aの購買者の多くが、商品Bも購買しているという事実を抽出したとします。この時、商品Aの紹介画面に商品Bの購入を推奨する内容を表示するというものです。

5-8. 第5章のまとめ

● インストア・マーチャンダイジング（ISM）

売り場づくりは、インストア・マーチャンダイジング〈ISM(イズム)〉の理論に基づき行います。ISMでは、品揃えとその掲示方法により資本と労働の生産性を最大化します。売り場づくりは、スペース・マネジメントとインストア・プロモーションから構成されます。

● 協働MD

協働MDとは、売り場の棚割やインストア・プロモーションで小売業と卸売業、製造業が協力して計画することを言います。協働MDでは製配販の利害が一致する「カテゴリー」を戦略的な事業単位に設定し、製配販が協力してカテゴリーの売り上げや利益の改善策を模索します。

●スペース・マネジメント

　スペース・マネジメントには、フロア・レイアウトの設計、棚割の設計が含まれます。フロア・レイアウトが数年に1回、棚割が春と秋の半期に1回変更されます。レイアウト設計、棚割設計は「①品揃えを策定し、②配置を最適化する」という流れで実施されます。

●インストア・プロモーション

　インストア・プロモーションとは、売り場で実施されるSPをいいます。インストア・プロモーションの対象には、値引き、特別陳列、POPなどが含まれます。インストア・プロモーションは1週間から数日に1回、短い場合は1日に1回変更されます。インストア・プロモーションはRPDS（Research-Plan-Do-See）のサイクルを回すように実施されます。

＜了＞

第6章

SPの効果測定
（成果の指標と効果予測）

執筆：横浜国立大学大学院国際社会科学研究院 准教授
　　　鶴見裕之

6-1. SPの効果測定とは

　SPの標準的な業務サイクルには、PDS（Plan-Do-See）サイクルをはじめ様々なものがあります。いずれの業務サイクルにも共通しているのは、評価のフェーズが入っていることです。成果の最大化のためには、効果測定を欠かすことはできません。またSPは多くの場合、複数の手法が組み合わされて実施されます。したがって、SPの効果を適切に測定するためには、その効果を切り分ける重回帰分析と呼ばれる手法を上手く活用し、評価することが重要になります。

　ＳＰの効果測定は、PDSサイクルを含むSP業務サイクルのSee（評価）フェーズに該当します。この時に重視したいのは、単にSPが上手くいったか否かを評価するだけではなく、効果の指標化を行い、次のPlan（計画）に結びつける事です。そして、「指標化を含む分析目的を確認する→必要なデータを準備→分析に適した形に加工→実際に分析を行う→分析結果から実務に活用可能な示唆を抽出する」ことがＳＰ効果測定の一連の流れになります。

ＳＰの効果測定のポイント
- □ SPの標準的な業務サイクルには、PDSサイクルなどがあります。
- □ いずれの業務サイクルにも評価のフェーズが入っており、成果の最大化のためには、効果測定を欠かすことはできません。
- □ SPは複数の手法が組み合わされて実施されるので、重回帰分析と呼ばれる手法を活用し、効果を切り分けて評価します。

SPの効果測定の全体像　　　　　　　　　　　　　　　（図表6-①）

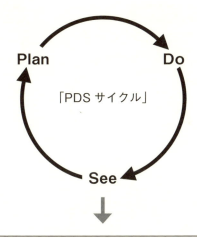

①分析目的の確認→②データの準備→③データの加工→④データ分析→⑤考察

出典：著者作成

6-2. 戦略と計画、効果測定

SP業務サイクルと効果測定

　SPの標準的な業務サイクルには、①PDS（Plan-Do-See）サイクル、②PDCA（Plan-Do-Check-Action）サイクル、③RPDSDサイクル、④D2D（Day-To-Day）型サイクルなどがあります（図表6-②）。

　最も基本的な業務サイクルは、PDSサイクルです。たとえば、インストア・プロモーションの場合は、1ヵ月分のプロモーションをまとめて計画し、実施後に前年同期や目標の数値と売り上げを比較評

プロモーション業務サイクル　　　　　　　　　　　　　（図表6-②）

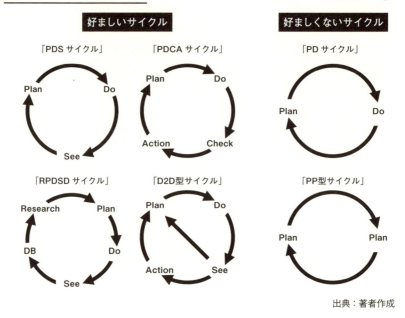

出典：著者作成

価します。SP効果を検証するための実験を、独立したフェーズとして実施することが難しい場合には、業務を走らせながらプロモーションの改善を目指すPDSサイクルが採用されます。

　PDCAサイクルは、実施の後に評価を行うのではなく、実施の前に評価フェーズが入ります。具体的には実験を行うDoと、その評価フェーズであるCheckが該当します。たとえば、ECサイトのプロモーションの場合、ABテストを実施し、プロモーションの効果を確かめたうえで、実際に運用します。

　RPDSDサイクルは、守口［2002］で提唱された実行サイクルです。一般にRPDS（Research-Plan-Do-See）サイクルと呼ばれる、サイクルの最後にデータベース（DB）化のフェーズが入る点が特徴的

です。すでに自社が展開したプロモーションの実施内容と成果を、DB化している企業も多数あります。先進的な企業では、SPの成果だけではなく、社内DBに掲載したプロモーション事例へのアクセス回数を、掲載したセールス・パーソンの評価指標に取り入れている場合もあります。

また、D2D型はD2D型カテゴリー・マネジメントのフレームを参考にしたサイクルです。PDSサイクル、PDCAサイクルでは戦略の決定を、目標値の設定、変更はサイクルの外で行うのが一般的です。D2D型カテゴリー・マネジメントでは、戦略決定のフェーズを加えている点が特徴です。マネジメントにおけるデータの重要性が高まり、企業やマーケティングの戦略決定者も、現場の数値に目を通すことが多くなり、D2D型は現代的な業務サイクルであるといえます。

しかしながらSPの現場において、必ずしも適切に業務サイクルが回っているとはいえないケースも散見されます。その典型例が、（図表6－②）の右の好ましくない業務サイクルです。PDサイクルとは計画と実行のみ、いうなれば「やりっぱなし」の業務サイクルのことです。さらに最悪の状況は、PPサイクルと呼ばれます。ひたすら案を練るばかりで実行に移さない、「石橋を叩いて渡る」ではなく「石橋を叩いて渡らない」、業務サイクルとは呼べない状態のサイクルです。

好ましい業務サイクルと、好ましくない業務サイクル。その違いはどこにあるのでしょうか？　好ましい業務サイクルには、いずれの業務サイクルも「評価」のプロセスが必ず入ります。"no measure, no manage"（測定なくして、管理なし）といわれるように、評価をせずに成果をコントロールすることは不可能です。効果測定を含む評価プロセスは、SPを継続的に成功させるために外すことのできな

い重要なプロセスだといえます。

　また評価に際しては、単に目標値を超えたという認識だけでは不十分です。いずれの業務サイクルも循環を続けるように、次のSPに繋がる評価を行う必要があります。具体的には、SP効果の指標化を行うことが重要です。いくら戦いの天才ナポレオン・ボナパルトをもってしても、大砲の飛距離と威力がわからなければ、勝率の高い作戦を組み立てることは不可能だったに違いありません。同様に、効果がわからないSPをかつて成功したからという理由だけで効率的に運用することは困難です。このように期待できるSP効果を明らかにしておくことで、次回以降のSPをより精緻に計画することができます。

6-3. 目的・目標の明確化　なにを効果とするか

SPの目的・目標

　SPの業務サイクルを回すうえで欠かせない作業は、目的・目標の明確化です。目的・目標はSP担当者が自ら決定する場合もあれば、企業や所属部署から与えられる場合もあります。また、SP担当者が企業や所属部署と協議しながら、決定する場合もあるでしょう。辞書『広辞苑』には、目的は「行為の目指すところ」、目標は「目的を達成するために設けた目当て」と書かれています。野球部にとっての高校野球を例にすると、目的は健康な身体や精神の育成、目標は甲子園出場になります。この場合には、目標を達成するための手段が日頃の練習になります。

第4章で述べられているように「目標は出力で手段は入力」、と言いかえることもできます。そして、マーケティングの本質は「最適化」であるといえます。最適化とは、出力の値を最大にする入力の値を求める作業をいいます。また入力できる値の範囲のことを、制約条件といいます。

　マーケティングの文脈では、出力が売り上げや利益であり、入力がマーケティング・アクション、制約条件がマーケティング予算、マーケティング・ツールがマーケティング環境にあたります。入力が直接的に出力に影響する場合もありますが、中にはいったん中間的な出力を経てから、最終的な出力に至る場合もあります。たとえば、ブランド力や認知度などは最終的な出力ではありませんが、最終的な出力に影響を及ぼす中間的な出力であるといえます。しかし、SPは顧客の行動に直接働きかけることを狙う側面が強いので、SP評価時に目的・目標の指標として最も多く設定されるのは売り上げ（販売点数）とシェアです。そして、SPが市場の競争に与える効果を検証する場合は、シェアを目的・目標の指標に設定します。成果指標に与える効果を検証する場合は、売り上げを目的・目標の指標に設定します。

　目的、目標の指標の選択は、それぞれの指標を用いる分析上の長短を加味して決定される場合もあります。売り上げには景気などのマクロ要因と気候などの季節要因が、SP対象商品を含むカテゴリーの市場全体に影響を与えます。これらの影響はSPの効果を検証する際にはノイズとなる場合があり、この点を考慮して分析・解釈をする必要がある点は、売り上げを用いる際の短所です。

　シェアの場合は、市場全体に与える影響については加味する必

要がありません。この点はシェアを用いる際の長所です。しかし、シェアを用いる場合、シェアを計算する分母となる市場全体の範囲がどこまでなのかを定める必要があります。たとえば、特保の緑茶のシェアを計算する時、特保飲料を市場として捉えた場合と、緑茶を市場として捉えた場合では評価がまったく異なってきます。市場全体を規定する必要がある点はシェアを用いる際の短所であり、このような計算を要しない点は売り上げを用いる際の長所であるといえます。

次に、売り上げを指標として用いる場合の留意点について触れておきたいと思います。売り上げと一言でいっても、販売点数以外に販売金額を指す場合もあります。しかし、値引きの効果を検証する場合は、「入力となる値引き率が出力となる販売金額とリンクしてしまい、効果が適切に検証できなくなる」ことがあるため、SP効果分析においては販売点数を用いる方が好ましいといえます。そして、もしデータが揃うのであれば、点数PIを出力の変数とするのがSP効果分析の理想形であるといえます。PIとはPurchase Incidence(購買発生)の略で、点数PIは来店客数1000人あたりの販売点数を意味します。「ある月の1日の来店客数が4000人で、商品Aの販売点数が4の時、点数PIは1」となります。「翌2日の来店客数が6000人で、商品Aの販売点数が6の時も、点数PIは1」となります。仮にある月の2日に、商品Aの売り場にPOPを設置したとします。販売点数だけを集計すると売り上げが1.5倍に増え、POPの効果があったようにみえました。しかし、実際にはそもそも来店客数が1.5倍に増えており、販売点数が1.5倍に増えたのは必然的だといえます。この場合はPIに変化がないことから、POPには効果がなかったとみるべきです。このような客数全体の変動を吸収した点数PIが、SPの効果検証においては理想的な指標だといえます。ただし、客数のデータが入手できない場合は、販売点数を出力の変数に設定し、客数の変動を吸

収できていないことを勘案して分析結果の評価を行う必要があります。近年ではFSPデータの普及により、売り上げやシェアをさらに分解したトライアル率、リピート率、浸透率、購買単価、購買点数、購買回数といった、より細かい指標に踏み込んだ目的、目標設定が行われるようになっています。

効果測定の単位

SPを実施し、目標達成に向け十分な施策を計画・実施するためには、計画段階において効果指標を有していなければなりません。それにはどのような単位で、SP効果指標を測定すれば良いのでしょうか？たとえば製配販の三層が関与する店頭プロモーションの場合には、SPの実施主体によって関心の対象となる売上拡大、シェア拡大のレイヤーも異なってきます。

SP効果測定において、最も重要な測定単位はアイテム単位の効果測定です。アイテム単位は、単品単位もしくはSKU（Stock

プロモーション実施主体と関心の対象 (図表6-③)

	小売業	卸売業	製造業
アイテム単位	(○)	(○)	○
ブランド単位			○
メーカー単位		○	○
カテゴリー単位	○	○	○
部門単位	○	○	
店舗単位	○		

出典：著者作成

Keeping Unit）単位と言い換えることもできます。SKUとは在庫管理の最小単位で、たとえば「XXメーカー製YYブランドZZ味の500gの商品」といった最も細かな管理レベルに対応します。そして、（図表6－③）の様々な効果測定の単位も、SKU単位の効果を総合したものにほかなりません。最小の単位であるSKU単位の効果測定ができれば、より上位の効果についても測ることができます。だからこそSKU単位は、効果測定をするうえで最も重要な単位だといえます。

在庫管理がSKU単位で行われた時に、抱えた在庫をどのようなSPで売るかを考えた場合、製配販の層に関係なく目的設定時の単位へと設定することがあります。なお、第5章で述べたように売り場づくりにおいては、カテゴリー単位の評価が最も重視されます。以降では効果測定上、最も重要なアイテム単位の売り上げに与えるSP効果測定に絞って、その考え方を整理していきます。

6-4. SPの効果と分析

効果を分離することの重要性

SPの特徴は、小回りが効くことです。近年ではその特性を生かし、複数のSPを様々に組み合わせて展開するケースが多くなっています。店頭プロモーションであれば、ある商品を3日間に渡って30％の値引きをし、さらに特別陳列やチラシ配布も同時に展開します。また別の時には、10％の値引きとPOPの展開を1ヵ月間継続して実施する……など、様々な組み合わせが考えられるのです。このような組み合わせで展開されるのは、「それぞれが持つ効果の分離」が重要

であることを意味しています。効果を分離して検証ができない場合、どの仕掛けにどの程度の効果があったのかを判別できず、次回以降の計画時に有効な判断材料を得ることができません。効果を分離して評価するためには、重回帰分析による効果指標の抽出が有効です。

SP効果分析の方法：重回帰分析

　回帰分析とは、原因となる変数（説明変数）と結果となる変数（被説明変数）の間の関係を明らかにする分析手法を指します。大きく二つの方法に分類され、説明変数の数が一つの場合を単回帰分析、説明変数の数が複数の場合を重回帰分析と呼びます。たとえば、価格掛け率、特別陳列の有無、チラシの有無が点数PIに与える影響を評価する時には、説明変数が三つになるので重回帰分析となります。

　（図表6－④）はある商品のSP効果分析のために行った重回帰分析の分析結果イメージです。[※1]散布図の横軸は価格掛け率、縦軸が点数PIです。一つの点がある週の価格掛け率と点数PIの座標値を意味します。ここまではPOSデータがあれば、重回帰分析を行わなくとも描くことができます。重回帰分析によって描くことが可能になるのは、三つの曲線です。曲線のうち、一番下の曲線は値引きのみの効果で、どの程度売り上げが伸びるかを示しています。真ん中の曲線は、値引きと特別陳列を同時に行った際の売り上げの伸びを示しています。一番上の曲線は、値引きと特別陳列、チラシ配布を同時に行った際の売り上げの伸びを示しています。このような売

※1
グラフは指数モデルと呼ばれるモデルで分析した結果です。

り上げの増加に与える、値引きと特別陳列、チラシの効果を切り離して評価することが重回帰分析によって可能になります。

重回帰分析の分析結果イメージ　　　　　　　　　　　（図表6-④）

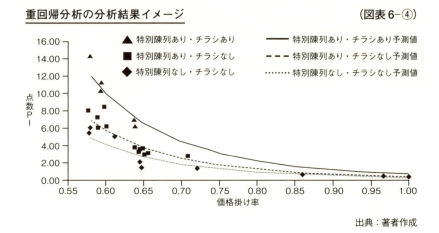

出典：著者作成

分析手順は①分析目的の確認→②データの準備→③データの加工→④データ分析→⑤考察、の順に進めます。

● 手順①：分析目的の確認

ビジネス上の課題を踏まえて、分析目的を確認します。売り上げ（点数PI）に与える値引き、特別陳列、チラシの効果を指標化する、といった目的が設定されます。

● 手順②：データの準備

分析に必要なデータを収集します。店頭プロモーションの効果分析では、アイテムの週別POSデータを用いる場合が多くなっています。

●手順③：データの加工

　データから分析に必要な変数を作成します。また作成した変数に、問題がないかを確認します。たとえば、定義に従って＜点数PI＝売上点数÷客数×1000＞、＜ある週の平均売価＝ある週の販売金額÷ある週の販売点数＞、＜価格掛け率＝ある週の平均売価÷期間最大の平均売価＞などの変数が作成されます。

●手順④：データ分析

　作成した変数を用いて、効果指標を抽出します。重回帰分析はExcelなどでも実施することができます。詳細は守口（2002）などを参照して下さい。

●手順⑤：考察

　今後のSP計画に活用できる実務的な示唆を、分析結果から抽出します。（図表6－④）のように、値引きや特別陳列、チラシ配布の実施でどのように売り上げが伸びるのかを予測することができます。逆に、目標とする点数PIを達成するためには、どの程度のSPが必要なのかを逆算することもできます。

6-5. SP効果分析と品揃え診断

SP効果分析と品揃え診断の密接な関係

　ここまでSP期間中の、点数PIの伸びに関する分析手法について紹介してきました。本節ではSPの中でも重要な位置付けにある売り場づくりにおいて、品揃えの評価、計画に用いられるABC分析[※2]に

ついて整理したいと思います。品揃えの評価、計画自体は直接的にはSP効果分析に含まれないものです。しかし、品揃え診断の場面では、マーチャンダイジング活動が全体として評価され、必然的に期間全体を通じたSP活動が評価されます。そして、自社アイテムが品揃えから外れれば、来期の売り上げはゼロとなりSP効果の主体からも外れることになります。自社の商品が、カテゴリーにおける競争のプレーヤーとして生き残れるか判断される際に利用される意思決定の判断材料について、SP企画担当者はよく理解しておく必要があるでしょう。

品揃え診断の方法：ABC分析

　品揃え計画の根拠として、POSデータの分析結果が用いられます。分析方法にはABC分析、クロスABC分析があります。ここでは双方の分析方法について整理してみます。ABC分析では、分析の対象カテゴリーの売り上げに対するアイテムの貢献度に基づき品揃えを決定します。ABC分析の手順は下記の通りです。

●手順①：分析対象期間（通常は前年同期）の分析対象カテゴリーPOSデータを用いて、アイテムの売上金額シェアを算出します。

●手順②：シェアが高い順にアイテムを並べ直し、上から順に累積シェアを算出します。

●手順③：累積シェアが80％を超える商品までをAランク、残りの

※2
仕入れる商品を売り上げや販売数などの重要度によって分類する方法。

商品のうち95％を超える商品までをBランク、残りの商品をCランクと評価します（ただし、ABCランクを評価する際の累積シェアの基準は分析者や分析対象によって異なる場合があります）。

ABC分析結果のイメージは（図表6－⑤）のようになります。

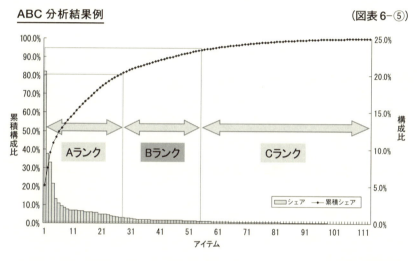

次に、分析結果を用いた品揃え指針について整理します。Aランクの商品は、一般に「売れ筋商品」と呼ばれます。Aランクの商品は売り上げの8割を支えるカテゴリーの主軸となる商品であり、多くの来店客の支持を集めている商品です。これらを取り去ってしまうと売り上げが大きく減少し、来店客の離反を招く危険性も高くなります。したがってAランクの商品は特別の理由がない限り、品揃えに含めることを考えます。

Cランクの商品は「死に筋商品」と呼ばれ、品揃えからカットする

ことを検討します。Cランクの商品は売り上げに対する貢献度が低く、来店客からの支持が集められていない商品です。これらを取り去っても売り上げに対する影響は少なく、来店客の離反に繋がる危険性も低いといえます。したがって、Cランクの商品は品揃えからカットすることを考えます。ただし、次に紹介するクロスABC分析の結果や、店舗の優良顧客からの強い支持がある場合はカット対象にならない場合があります。

Bランク商品は、AランクとCランクの中間にある商品です。すぐさまカットの対象とならないまでも、シェアの落ち込みが激しい場合などは、推移によってはカット対象とする場合があります。当落線上のアイテムとも考えることができます。

品揃え診断の方法：クロスABC分析

ABC分析は、分析対象チェーンのPOSデータ単独で分析することができます。続けて整理するクロスABC分析では、分析対象チェーンのPOSだけではなく、市場全体のPOSデータが必要となります。なお、市場全体のPOSデータは各種研究機関、調査機関が収集しているデータが活用されます。また市場の範囲は、当該チェーンが出店する地域のデータが用いられます。以降では、分析対象チェーンのPOSデータを「自社POSデータ」、市場のPOSデータを「市場POSデータ」と表記し、クロスABC分析の中身を見ていきたいと思います。

クロスABC分析では、分析対象チェーンのABC分析結果と、市場POSデータのABC分析結果をクロスさせて品揃えを検討します（図表6－⑥）。なお、以降では、たとえば自社POSデータのABC分析

の結果がAランク、かつ市場POSデータのABC分析もAランクの場合、「自社A-市場A」と表記して、その評価方法を確認していきます。

「自社A-市場A」の商品は、分析対象チェーンだけではなく、他店舗においても支持を集めている商品です。つまり、多くの消費者から支持を集めている商品を品揃えからカットするようなことがあれば、離反を招く危険性が高まります。ABC分析の結果に基づく判断のまま、品揃えを継続します。

「自社取扱無し-市場A」の商品は、最も注意が必要な商品です。市場において支持を集めている商品が、自社の品揃えから抜け落ちていることを意味します。今後、品揃えに含める必要があります。「自社C-市場A」の商品も、「自社取扱無し-市場A」の商品と同様に注意が必要な商品です。自社POSデータのABC分析でCランクに位置する商品は、品揃えからカットするのがセオリーです。しかし、このCランクの商品が市場において高いシェアを有している人気商品であるとしたら、品揃えからカットする意思決定は誤りとなります。

クロスABC分析結果の評価方法 (図表6-⑥)

		小売業(自社)ランク			
		Aランク	Bランク	Cランク	取扱無し
市場(競合)ランク	Aランク	売れ筋スペース確保	売り方検討	売り方検討	導入候補
	Bランク				
	Cランクデータ無し	PB地元商品等		カット候補	

出典:著者作成

この場合は品揃えに継続して含めることを考えます。そして、他チェーンでは人気の商品が自社ではCランクに留まっている事実は、売り方に大きな問題があることを意味しています。この場合は、早急に売り方の改善を検討すべきです。

　「自社C-市場A」「自社取扱無し-市場A」の商品は、自社の品揃えを検討するうえで、最も重要な情報です。しかし、これらは自社POSデータのABC分析をいくら実施しても、得ることはできない情報です。「自社A-市場C」もしくは「自社A-市場B」の場合、他店では売れ行きが芳しく無い商品が、自社では大きなシェアを有していることを意味しています。基本的にこれらの商品は継続して取り扱うことを考えます。しかし、これらに該当する商品は利益性を確認する必要があります。もし仮にその商品を極端に割引して売っている場合は、需要がそれほどない商品を無理して売っている可能性もあるため、売り方を改める必要があります。しかしながら、特に利益性に問題がない場合には、他チェーンで取り扱いがなく、当該商品を買い求めに来店している可能性があります。また、売り方が他チェーンに比べて優れていることも考えられます。これらに関しては「チェーンの特徴となっている商品、売り方」となっている場合もあるので、その良さを失わないようにする必要があります。

　「自社C-市場C」の商品は、品揃えからのカットを検討します。しかし、自社でも他社でもほとんど売れない商品であっても、対象店舗の優良顧客が継続的に買っている商品である場合には、継続して商品を取り扱うこともあります。当該店舗の来店理由になっていて、当該商品だけでなくほかの商品の購買を通じて十分な貢献があると見なされるためです。

6-6. 第6章のまとめ

●デジタルによって増えた、やらなければならないこと

　デジタル化によってデータに基づくSPの計画、評価の業務量が以前に比して格段に増加しました。大量に寄せられるデータ分析の案件すべてを、分析担当部署が一括して対応するのは困難です。前線の営業担当者が、各個に対応できる体制を築く必要が生まれます。そのためには営業担当者も、分析から提案までを行えるような教育活動が必要です。

●デジタルによって減った、やらなくてよいこと

　かつて、SPの計画や履歴は紙のメディアに記録され、検索や共有が困難でした。現在では、それらは直接デジタル・データとして記録されるようになり、検索、共有にかかるコストが大幅に減りました。特にECサイトの場合は、サイトのログ、アクセス・ログ、購買履歴などすべての履歴が記録可能であり、ログを残すという作業や、意識自体を持たなくても良い状況になりつつあります。

●PDSサイクル

　ＳＰの効果測定は、SP業務のPDSサイクルのSee（評価）のフェーズに該当します。この時に重視したいのは、単にSPが上手くいったか否かを評価するだけではなく、効果の指標化を行い、次のPlan（計画）に結びつけることです。

●重回帰分析

　SPは複数の手法が組み合わせられ、展開される場合が多くなっ

ています。組み合わせて展開されるのは、「それぞれの効果を分離すること」が重要であることを意味します。効果を分離して検証できない場合、どの仕掛けにどの程度の効果があったのかを判別できず、次回以降の計画時に有効な判断材料を得ることができません。効果を分離して評価するためには、重回帰分析による効果指標の抽出が有効です。

● ABC分析、クロスABC分析

　ABC分析、クロスABC分析は、品揃え診断の場面で使われる分析手法です。SP効果分析の場面で使われる分析手法ではありません。しかし、品揃え診断の場面では、マーチャンダイジング活動が全体として評価され、必然的に期間全体を通じたSP活動が評価される場面でもあります。「自社の商品がカテゴリーにおける競争のプレーヤーとして、生き残れるか否かが判断される」際に利用される意思決定の判断材料について、SP企画担当者はよく理解しておく必要があるでしょう。

＜了＞

第7章

デジタルで販促手法はどのように変化したか

執筆：電通ヤング・アンド・ルビカム
　　　ショッパー・マーケティング室 室長
　　　藤枝テッド和己

7-1. 販促手法の変化と世の中の流れ

　米国では1920年代に、日本では高度経済成長期に大量消費社会が到来し、マーケティング活動の重要性が高まりました。「景品付き販売やサンプリングといったお馴染みの販促手法の原型は、すでに江戸時代には存在していた」という説もありますが、マーケティング活動の一部として販促が組織的体系的に運用されはじめたのは、大量消費社会の到来以降のことです。その成熟にしたがって、販促手法も変化してきました。さらにデジタルの時代になるとその変化も大きくなっています。

第7章のポイント

- ☐ 大量消費社会がどのように変遷し販促に求める機能がどのように変わったかを、一連の流れで捉える。
- ☐ デジタル時代以前、デジタル時代初期、深まるデジタル時代で消費者の捉え方がどのように変化したかを把握する。
- ☐ オムニチャネルリテーリングが登場した背景を押さえる。
- ☐ 消費行動の把握に、なぜカスタマージャーニーが必要になったのかを理解する。

7-2. 消費社会でメーカーが大きな力を持った時代のセールスプロモーション

　大量消費社会の初期段階では、大量生産によって安価になった製品が市場にあふれ、製品を消費することで人々は豊かさを実感しました。大量生産の担い手である製造業が経済の繁栄を牽引し、製品やサービスが消費者に届くまでのプロセスであるサプライチェーンにおいて、大きな力を持ったのです。メーカーが製品を出荷しなければ、消費者がその製品を欲しがっていても買うことができませんし、販売店が売りたくても売るものがなくなってしまいます。メーカーは製品の小売価格を決定し、販売チャネルを系列化する等で流通をコントロールしました。

　マーケティングの4Pという考え方、Product（製品）「どんな製品を開発するのか」、Price（価格）「いくらで売るのか」、Place（販売場所）「どこで売るのか」、Promotion（プロモーション）「いかにプロモーションするのか」が提唱され、メーカーは、全国単一の大きな市場に対してマス広告キャンペーンを展開し、消費者の購買意欲を直接的に刺激して、大きな需要を生み出しました。そして、これをサポートするために、現在でも頻繁に使われている販促手法が次々と登場しました。

- サンプリング：試供品を消費者に提供し、製品の良さを理解してもらう。
- 総付けプレミアム：製品に景品を添付して、購買決定に影響を与える。
- クローズド懸賞：製品の購入証明を郵送して応募し、当たれば賞

品がもらえる懸賞。購買意欲を刺激する。
- **POP、販促支援ツール**：店頭広告物や販売台、ディスプレイ。メーカーから販売店に供給されるものなど。

　この時代のＳＰの特徴は、「全国一律」「消費者に直接」「広告の補助」の三点で表せます。総付けプレミアムやクローズド懸賞は全国キャンペーンとして、テレビCMを活用して行われることがほとんどで、広告の補助として機能しました。POPや販売支援ツールも、テレビCMを店頭で再想起させる役割を持ったもので、販売店店頭を介しながらもメーカーが消費者に直接的にアピールするものでした。競合メーカー間の競争が激しさを増してくると、マス広告キャンペーンとそれをサポートする販促が、一層強力に市場に投下されていきました。

小売業者が消費社会を牽引する時代の販促

　時代の転機は、食品・雑貨・衣料品・住居用品といった多岐にわたる商品を大量に仕入れ、どこよりも低価格で販売する新しいタイプの小売業者が登場したことでした。在庫を抱えたくないメーカーは、製品を大量に買い入れる小売業者の店頭価格に口を出すことができなくなる一方で、低価格販売は消費者の支持を集め、大量仕入れ→大量販売が常態化→小売業は大規模化・チェーン化することで、サプライチェーンのパワーバランスが変わり始めたのです。

　販売人件費を抑制することができる買い物客のセルフ販売が、それまで主流だった店員による対面販売にとって代わり、大量販売とセルフ販売を効率的に管理するPOSレジが導入されることで、小売業者は、「いつ、どこで、いくらで、どれだけ売れたのか」の販売実

態を、数値データとして管理できるようになりました。その結果、どんな商品がいくらなら売れるかの「売れ筋情報」を、小売業者が独占的に把握することになりました。販売価格の決定権はメーカーから小売業者に移り、小売業者が消費社会を牽引することになります。

　小売業者は、常に売り場で消費者との接点を持てることから、より消費者視点を重視したマーケティングである、マーケティングの４Ｃ、「Customer Value（顧客にとっての価値）」、「Cost to the Customer（顧客の負担）」、「Convenience（入手の容易性）」、「Communication（コミュニケーション）」の考え方が広まっていきました。４Ｐがメーカーからの視点であるのに対し、４Ｃは消費者側からの視点を示したもので、双方の視点に立ってマーケティングを組み立てることを必要とした考え方です。小売業者が大きな力を持ったことで、メーカーが小売業者に要請し、小売業者の協力で行われる店頭主導の販促手法が整備されていきます。

- クローズド懸賞やベタ付けプレミアム、POP、販売支援ツールはチェーン単位、店舗単位にカスタマイズ。
- チェーン限定の増量パックや値引き販売。
- チェーンや店舗単位のエンドや催事の特別陳列。

　この時代の販促の特徴は、インストア・プロモーションと呼ばれる、小売店舗内の「購買時点」を工夫、改善することが、購買促進に寄与するもので、小売業者、メーカー、卸売業者が揃って売場活性化に取り組んでいました。小売業者が消費社会を牽引する時代が進行するにつれて、自社製品の取り扱い促進のためにメーカーが小売業者に支払っていたリベート政策や、インセンティブと呼ばれる報奨金制度が見直されました。やがて、小売業者がより効果的な

販売ができるようにするリテールサポートや、自社製品のみならずカテゴリー全体が成長するための、カテゴリー・マネジメントといった、メーカーと小売業者の協働マーケティングが増えていきます。そのうちに、小売業者が、独占的に把握していたPOSデータをメーカーに開示し、棚割、品揃えといったインストア・マーチャンダイジングを共同開発する試みも行われ始めました。このメーカーと小売業者が協働マーケティングに取り組む背景には、新たなパワーシフトが始まり、新しい消費社会の到来が現実味を帯びてきたことが挙げられます。

買う側が「力」を持つ時代が訪れる

　市場にモノがあふれ、消費者の買いたいモノが多様化してくると、「POSデータ管理の店頭に並ぶ商品が、本当に売れ筋なのか」が不透明になってきました。「消費者が本当に欲しいモノは、店頭に並んでいないのではないか？」と小売業者が不安を感じたのは、単に価格が安いだけの商品に消費者が飛びつかなくなったからです。

　時を同じくしてインターネットが急速に普及し、「検索」という手段を用いることで、消費者は主体的かつ容易に手早く、膨大な商品情報を入手することができるようになりました。自分の欲しいモノを探し出して「買いたい」と思う、当たり前の欲求がインターネットによって顕在化したのです。"安く売れる商品だけ"を安売りする小売業者から消費者の支持が失われ、インターネットの登場によって買う側である消費者に多彩で多様な購買選択肢が与えられました。商品の比較検討が容易になると、買いたいモノの価格とタイミングは、買う側が決定できるようになっていきます。

　「販売効率が悪い」「利幅が少ない」といった理由から小売業者

が売りたくないモノでも、それを購入する手段を得た消費者の出現は、消費社会の主導権が小売業者から消費者に移ることを意味しています。さらに社会の一層のデジタル化が、このパワーシフトを強力に後押ししました。

　オンライン小売業は買う側の欲求を満たすため、販売機会が少なく販売数量が低い商品の品目を数多く品揃え、顧客の総数と総体としての売り上げを大きくする「ロングテール」と呼ばれるビジネスモデルでビジネスを拡大しました。スマートフォンの急速な普及によって、消費者はいつでもどこでも多様な情報を受け取り、多彩なサービスを享受し、買い物に関わる場所と時間の制約から脱して、主導権を持って最適なモノを購入することが可能になりました。

　(図表7－①)は、サプライチェーンにおけるメーカー、小売業者、消費者のパワーシフトを整理したものです。このようにサプライチェーンが消費者中心に回り出す時代は、すでに始まっていると言ってもいいでしょう。またこの時代はおよそ「デジタル時代」と言葉を置き換えることができるので、デジタル時代は、モノを買う側が「力」を持つ時代と言い替えることが可能なのです。

サプライチェーンにおけるパワーシフト　　　　　（図表7-①）

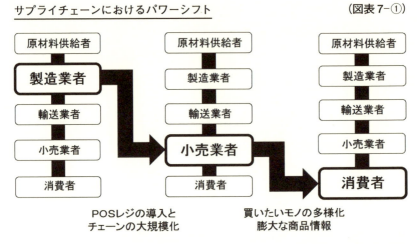

出典：著者作成

7-3. デジタル時代初期の販促手法の変化

　モノを買う側が「力」を持つ時代への潮流の中で、販促手法も特徴的な変化を見せました。まずは、デジタル時代の初期段階に一般化した変化を捉えてみます。

- デジタルプレミアム：デジタルコンテンツを景品として活用。
- デジタルエントリー：電子メールやWebサイト、スマートフォンからの懸賞応募。
- ターゲットマッチングサンプリング：Webやアプリを介して、ターゲットを選び、サンプルの配布からアンケート調査までを一体で運用。
- 携帯電話を使った来店誘因：チラシに代わって、セール情報や来店特典を告知。
- 電子カタログ：Webサイトからダウンロードできるカタログ。

- デジタルサイネージ：動画の活用や告知内容を変化させることができるPOP。
- ＡＲ（Augmented Reality 拡張現実）やVR（仮想現実：Virtual Reality）の活用

　これらはITを伝統的な販促手法に付加したものです。デジタル時代以前の販促では、データを集積するのに多大なコストがかかりました。たとえば懸賞の応募者のリスト化と属性分類には、応募はがきの人手による仕分けから始めなければなりませんでした。けれどもデジタルエントリーでは、瞬時に属性分析まで導き出せます。またタイムリーな情報伝達や即時対応が可能になったのも特徴の一つで、デジタルサイネージでは時間帯別に最も販促効果の高い情報を掲示することで、購買刺激を最大化できます。

　ARやVR技術の活用は、買い物客の商品を理解するために使う労力を軽減させるだけでなく、買い物体験をより豊かにして購買を誘発します。このようにデジタルを活用することで販促機能性が格段とパワーアップし、一部の手法では、同時にコストの削減も可能にしました。さらに、デジタルによる販促手法のパーソナル化も視野に入ってきました。デジタル化できることは、すべてパーソナル化ができます。法的な規制や倫理上の問題を除けば、競合商品を買った直後の消費者のスマートフォンへ自社製品のデジタルクーポンを配信するといったことが技術的に可能になったのです。

　事実オンラインショップでは、閲覧履歴や購買履歴、購買者の属性分析が自動化され、その購買者の興味を推測しておススメ商品を提示するといった、パーソナル化した販促手法が実用化されました。一人ひとりの消費者を対象に、電子メールや、専用スマートフォ

ンアプリを通じた懸賞や割引クーポン等の配信による、来店・購買を促進する手法も導入され、現在ではスマートフォンの位置情報を活用する仕組みに発展しています。

　このようにデジタル時代の初期段階では、ITによって売る側と買う側、企業と消費者の距離は縮まり、消費者の趣味嗜好が多様化しようとも、いつでもどこでも消費者と一対一で向き合えるようになりました。消費者にアクションを起こさせるハードルが、劇的に下がっている状態です。多くの消費者が自分の属性を登録して参加する、自分の趣味嗜好に基づいた様々な情報発信を行うソーシャルメディアの登場は、ワン・トゥ・ワン・マーケティングの先に趣味嗜好、生活意識を同じくする「友達」へ向けた、コミュニケーションの広がりを期待させるものでした。しかし実際には、「友達」へのコミュニケーションの広がりどころか、ターゲット消費者に対し、販促アプローチが満足なレベルで到達しなくなったのです。

ネットワーク化された消費者

　ターゲット消費者に対し販促アプローチが十分に到達しない理由は、モノを買う側に増々「力」がシフトしているからにほかなりません。ソーシャルメディアとネットワーキングによって、消費者自身は情報の受信者であるだけでなく情報の発信者になり、消費者自身がお互いにネットワークを持つようになりました。一対一の関係だと思っていた一人の消費者は、多くの消費者が参加する個人的なネットワークの主催者であり、彼自身も別の消費者が主催するネットワークの一員だったのです。そしてネットワークの中では、いつでもどこでも常に会話が行われているため、企業からのメッセージや販促アプローチは、個人の思いや考えが付加されて伝達される巨

大な伝言ゲームのようになり、企業からのメッセージや販促アプローチはそのままでは伝わらなくなっていたのです。

（図表7-②）は、時代別の消費者の捉え方とアプローチ方法の変遷を整理したものです。かつてモノを売る側がマスメディアを介してアプローチした「集団としての消費者」や、モノを売る側がダイレクトメディアによって一対一の関係になった「一人ひとりの消費者」とは、まったく違った意識を持ち行動する、ソーシャルメディアによってお互いにつながった「ネットワーク化された消費者」が登場してきました。

消費者アプローチの変換 （図表7-②）

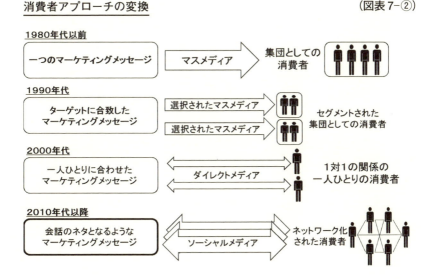

出典：著者作成

ソーシャルメディアの種類や形態も多様化しており、ＳＮＳ（ソーシャルネットワーキングサービス）、ブログや掲示板サイト、ソーシャルゲームサイト、画像や動画の共有サイト、Ｑ＆Ａサービスサイト、比較レビューサイト、無料通話やメールアプリ、クーポン共同購入サイト等々、消費者は主導権を持って、自由に情報を共有し拡散する「力」を手に入れたのです。誰もが情報の発信者になったことで、ソーシャルメディアでは猛烈な勢いで情報が生産され、かつての「クチコミ」とは、まったく比較にならないほどの強い影響力を持ってバイラル（ウィルス性、感染するように広がるという意味）するだけではなく、リアルタイムでも拡散、増幅しています。

　このような情報量の圧倒的過多が起こると、消費者は情報を適切に取捨選択することに労力をかけるのを止め、情報自体をブロックすることが多くなります。その結果、情報収集は自然と自分のネットワークに依存する傾向が強くなり、企業からのメッセージや販促アプローチはますます届き難くなってしまうのです。圧倒的な情報量の中にいるネットワーク化された消費者には、どんな販促手法が通用するのでしょうか。その手掛かりは、ソーシャルメディアとネットワーキングによって形づくられた、新しい購買情報の集積地、ＺＭＯＴにあります。

第０の決着の瞬間

　デジタル時代を迎えるはるか以前から、マーケティングにおける「クチコミ」の重要性は認識されており、マーケティング活動に「クチコミ」を活用しようとする試みは幾度となく行われてきました。クチコミとは、消費者同士の情報交換による情報の伝播と共有のことで、企業から受け取る情報より購買意思決定に影響力があるといわれてきま

した。

　デジタル時代の初期段階では、携帯電話とインターネットの普及を追い風にクチコミを起こす様々な仕掛けが試されましたが、科学的な効果測定には課題が多く、情報内容を制御することは極めて困難なことから、マーケティング手法としては定着しませんでした。しかし、ソーシャルメディアが急速に普及しネットワーク化された消費者が登場すると、それまで当事者間で行われていた意見交換や質疑応答を、その周辺にいる消費者が自分の商品選択や購入決定の参考に活用し始め、それが連鎖することで情報が拡散・増幅されていきました。消費者同士が発信し共有する「クチコミ」情報が、ソーシャルメディアを介して目に見えるようになったのです。

　グーグルは、このように消費者間の情報が購買意思決定に大きな影響力を与えることをＺＭＯＴ（Zero Moment of Truth）と呼び、２０１０年４月に開催された米国のShopper Marketing Summitで発表しました。そこでは、重複回答はあるものの、ＺＭＯＴの影響を受けて購買したという回答は84％に上るという調査結果（店頭の影響は77％）が発表され、デジタル時代の初期段階からいわれていた、計画購買（店舗に来店する前に決定している購買）が増えているという推測が裏付けられました。ＺＭＯＴとは直訳すれば「0番目の真実の瞬間」となり、なにを意味しているのかが判然としないのですが、ＺＭＯＴの前にあるＦＭＯＴを説明することで意味が通じてきます。

　ＦＭＯＴ（First Moment of Truth）とは、Ｐ＆Ｇが提唱したマーケティングにおける店頭の重要性を示した概念で、「第1の決着の瞬間」と意訳されます。消費者は店頭に並べられた商品を見て、3

〜7秒でそれが魅力的か（自分にとって必要なモノか）どうか見定める。つまり、店頭で商品が「買われるか」が決まる瞬間を表したコンセプトです。特にデジタル時代以前では、店頭での購買意思決定が70％を占めるといわれ、ＦＭＯＴはマーケティングや販売促進で取り組むべき大きな課題でした。

　ＺＭＯＴは、ＦＭＯＴつまり「第1」の前段階に存在する「決着の瞬間」ということで、「第０の決着の瞬間」と呼ばれるようになったのです。デジタル時代が進んでいけば、消費者は、自分のネットワークからの情報により商品選択・購買決定をする、つまりＺＭＯＴが多くなり、ＺＭＯＴに焦点を合わせた販促手法に変化することになります。

　ＺＭＯＴ向けの販促手法を考えるうえで、ＦＭＯＴの次にあるＳＭＯＴ（Second Moment of Truth）「第二の決着の瞬間」は重要な概念です。ＳＭＯＴとは実際に製品を使う瞬間のことであり、この瞬間に製品が選ばれることで製品の継続使用・継続購入につな

ZMOTと新しい購買モデル　　　　　　　　　　　　　　（図表7-③）

出典：著者作成

がるといわれています。ソーシャルメディア上の製品使用経験談はＳＭＯＴの情報が還流したもので、潜在需要の購買意思決定に大きな影響を与えるので、ＳＭＯＴ情報を拡散し活用することがＺＭＯＴを刺激するのです。（図表7－③）は、ＺＭＯＴが登場した新しい購買モデルを整理したものです。

7-4. 消費者の購買プロセスを把握する

　どんな販促手法がどんな課題解決に効果を発揮するのかを理解するためには、消費者の購買プロセスを理解する必要があります。消費者がどのようなプロセスを経て購買に至るかを説明するモデルの一つ、ＡＩＤＭＡの法則は、メーカーがサプライチェーンで力を持っていた時代の購買プロセスをよく説明しています。ＡＩＤＭＡの最初のAはAttention（注意）、IはInterest（興味）、DはDesire（欲求）、MはMemory（記憶）、最後のAはAction（行動）を意味しており、

パーチェスファネル　　　　　　　　　　　　　　　　（図表7－④）

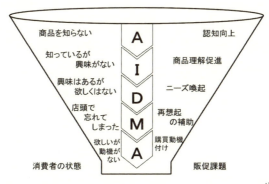

出典：著者作成

消費者は各ステップを通過して購買にいたります。(図表7－④)は、AIDMAの各ステップで見込み客が歩留まり、まるで漏斗のように絞られていくさまを表しています。

　広告等で「注意」を惹かれた見込み客のうち何人かがその商品に「興味」を持ち、そのうちの何人かが「欲しい」と思うようになり、またその中の何人かがその事を「記憶」に留め、最終的に買うという「行動」を起こすのは何人かしかいない。これをパーチェスファネル（購買の漏斗）と呼びます。

　このAIDMAのパーチェスファネルは、店頭で購買意思決定を行うFMOTが重要視された、小売業者が力を持った時代の消費者には、すでに修正が必要になっていました。たとえば店頭で気に入った商品を見つけて購入する場合、M（記憶）というステップは必要ないからです。消費者が力を持つ時代の初期段階には、Search（検索）やShare（共有）といった新しいステップが提唱され、消費者が力を持つ時代が進行していくと、インパクトのある広告で注意を惹くことより、情報拡散の起点である「共感」を生み出すことが購買プロセスの入り口にくるようになります。

　さらに購買体験、ブランド体験が評価・共有されることで、消費者間での情報交換が一段と増大すると、購買プロセスは漏斗のような一方通行でも先細りでもなくなり、購買プロセスの各ステップがどこからでも、いつでも自由に行き来できるものに変貌しました。(図表7－⑤)は、気になる商品を見つけた場合の購買行動を整理したものです。

　消費者が情報の主導権を握り、購買できるチャネルもリアル店舗

オムニチャンネル ショッピングの例　　　　　　　　　（図表7-⑤）

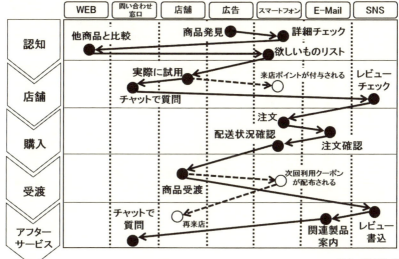

出典：著者作成

に限らなくなった結果、消費者は様々なチャネルを横断しながらショッピングをしていることがよくわかります。このような購買行動に対応して、小売業者がリアルとネットのシームレスな購買環境を整備しようという考えが、オムニチャネルリテーリングです。オムニとは「すべて」という意味で、あらゆるチャネルとメディアを使って消費者が望む形で購買体験を提供する、という意気込みが感じられます。（図表7-⑥）は、消費者の購買チャネル選択を整理したもので、時代が進むことによってチャネル選択が複雑になっていることがわかります。

　最早、AIDMAのパーチェスファネルでは把握することが困難になった、チャネル選択と購買プロセスを通して消費者が購買行動した経験を、カスタマーエクスペリエンス（顧客経験）として把握し理解する方法がカスタマージャーニー（顧客の旅）です。（図表7

オムニチャネルとはなにか

(図表7-⑥)

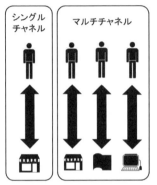

出典：著者作成

カスタマージャーニーマップのフォーマット例

(図表7-⑦)

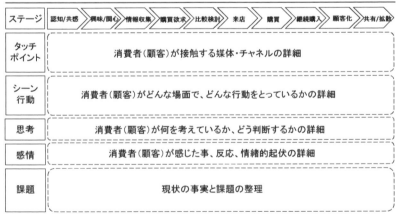

出典：著者作成

-⑦)は、カスタマージャーニーマップと呼ばれる、カスタマージャーニー分析を可視化したシートのフォーマット例です。購買情報に接触して店舗で商品やサービスを認知して購入し、購入後に評価・共有するまでの一連のプロセスを「旅」にたとえ、ターゲット別やステップごとにコンタクトポイント(顧客接点)・購買行動・顧客心理を分析し課題を明らかにします。

　デジタル時代の販売促進は、カスタマージャーニーで明らかになった課題解決に向けられ、広告、CRMといった様々なマーケティング施策とシナジー効果を生み出しながら、展開していくことが期待されます。そこで次章よりカスタマージャーニーのステージ別に、各ステージの課題解決に適している販促手法を紹介、詳細解説していきます(下図参照)。

カスタマージャーニーと対応する販促手法

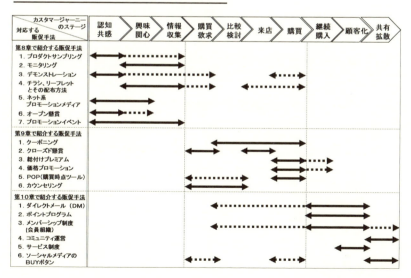

7-5. 第7章のまとめ

● **大量消費時代の到来**
  ・サプライチェーンでメーカーが力を持った時代に、広告の補助として販売促進が機能し始めた。
  ・マーケティングの4P

● **小売業者にパワーがシフト**
  ・POSデータによって、小売業者が「売れ筋」を把握し、サプライチェーンで力を持つようになる。
  ・マーケティングの4C

● **デジタル時代の到来**
  ・デジタル時代は、モノを買う側が力を持つ時代になる。
  ・デジタル時代の初期は、ワン・トゥ・ワン・マーケティングと販促手法のパーソナル化が見えてきた。

● **ネットワーク化された消費者の登場**
  ・企業が一対一の関係だと思っていた消費者は、ソーシャルメディアによってネットワーク化されており、複数の消費者が参加するネットワークを相手にしなければいけなくなった。
  ・店頭に行く前に、自分のネットワークからの情報で購買が決定される。（ZMOT）

● **カスタマージャーニー**
  ・もはやAIDMAのパーチェスファネルは、消費者の購買行動

を表してはいない。
・購買プロセスの各ステップは、どこからでも、いつでも、自由に行き来できるものに変貌した。
・消費者の購買チャネル選択は、時代が進むことによって複雑化している。(オムニチャネル)
・購買行動は、消費者が購買行動を通して経験したこととして把握される。(カスタマージャーニー)

<了>

第8章

＜認知／共感～興味／関心～情報収集＞のステージでの販促手法

執筆： 電通ヤング・アンド・ルビカム
　　　 ショッパー・マーケティング室 室長
　　　 藤枝テッド和己

8-1. 認知/共感～興味/関心～情報収集のステージでの販促手法とは

　この章では、カスタマージャーニーにおける「認知/共感」「興味/関心」「情報収集」の各ステージに適している販促手法を解説します。

　「認知/共感」のステージは、消費者が製品やサービスの存在を「認知」する、カスタマージャーニーの出発点です。マスメディアを使うだけではなく、日々の買い物における店頭や通りがかった街頭イベントで、目に触れて、製品やサービスを「知ってもらう」ことを目的に、様々な販促手法が積極的に展開されています。ソーシャルメディアが普及した今日では、少なくともソーシャルメディア上では、単に注目を集めること自体が、消費者のネットワークにとって邪魔な存在になってきているため、製品やサービスへの消費者同士の「共感」が認知と同様に購買行動の入り口へと変わりつつあります。

　「興味/関心」のステージは認知/共感が得られた後、「その製品やサービスが自分に関係があるもの」として、興味や関心を掻き立てられるステージです。すべての消費者が、高い情報感度を持って製品やサービスの情報に接触しているわけではありませんので、様々な販促手法を用いて、製品やサービスが「自分にとって魅力的である」と理解してもらわなければなりません。

　「情報収集」のステージは、消費者が、興味・関心をいだいた製品やサービスに対して理解を深めるために、様々な情報に接触するステージです。消費者が満足する情報量、情報の種類を用意することと、情報接触を容易にするための手段を提供する必要があります。

> **第8章のポイント**
> ☐ カスタマージャーニーにおける「認知/共感」「興味/関心」「情報収集」の各ステージでは、消費者はどのように行動し、販促手法はどのように機能するかを把握する。
> ☐ それぞれの販促手法の「強み」「弱み」「留意点」を理解する。
> ☐ それぞれの販促手法はデジタル時代を迎えてどのように変わったかを捉える。

8-2. プロダクトサンプリング

　製品の試供品をターゲット消費者に配布し、製品の存在を知らせるとともに、実際に使用してその製品の良さを実感してもらう手法です。製品の存在を情報として伝えるだけではなく、試用体験によって製品を理解させることができます。また、配布時間や配布場所、配布機会を限定することによって、製品の使用時間や使用場所、使用機会といった「気づき」を与えることもできます。主に「認知/共感」のステージで用いられますが、「興味/関心」「情報収集」のステージでも効果が見込まれる手法です。

● どんな製品・サービスに向いているか
　①新製品：新製品の市場導入時に試用体験をつくることができる。
　②購入経験率の低い製品：ブランドを試用させる働きがある。
　③競合との差別化を図りたい製品：競合との差異が明確でわかりやすい。

● 強み
　①配布ターゲットを絞り込むことができる。(ターゲット効率)
　②比較的短期的に効果を上げることができる。
　③新規顧客の試し買いを増やすことが見込まれる。
　④ブランドスイッチ(競合からの切り替え)を誘発できる。

● 弱み
　①ターゲット一人当たりの到達コストが高い。(試供品のコスト＋配布コスト)
　②売り上げへの寄与という面で、ほかの手法に比べ費用対効果が低下する。

● 留意点
　①配布者の絶対数の確保：市場へのインパクトから、どの程度の配布者が必要かを算出する。
　②製品/ブランド浸透率：浸透率が高い(その製品を知っている人が多い)と費用対効果は低下する。
　③差別点、優位性の明確化：製品がどのように優れているのか、すぐに理解できるようにする。

● プロダクトサンプリングの手法
　①戸別サンプリング
　　ターゲットの多い地域を選定し、その地域の住戸・世帯に対して直接試供品を配布する。
　②郵送サンプリング
　　ターゲット消費者の自宅に試供品を送付する。
　③店内サンプリング
　　販売店の店内、店頭で、製品購入見込み客の来店者に対して

試供品を配布する。

④別の製品へのサンプル添付（クロスサンプリング・商品紹介型セット販売）

ターゲットが同じ別の製品や関連性の高い別の製品に、あらかじめ試供品を添付する。

例）シャンプーにリンスの試供品を添付する。

⑤応募者送付サンプリング

各種メディア（雑誌・新聞・Web）を通じて試供品を希望する人を募集し、試供品を配布する。

⑥街頭サンプリング

ターゲット消費者が集まる特定の場所、時間で対象者に試供品を配布する。

⑦イベントサンプリング

ターゲット消費者が集まる特定のイベントで対象者に試供品を配布する。または試供品配布のためのイベントを開催する。

⑧ルートサンプリング

配布する試供品の使用機会やイメージに合致した施設や店舗で、その利用者に試供品を配布する。

例）レストランで調味料の試供品を配布する。

デジタル時代のプロダクトサンプリング

　デジタル時代を迎える以前のサンプリングは、ほとんどが人手を介することが前提となっており、配布するターゲット消費者も、配布者の主観によって選定されていました。また試供品を配布した後に対象者を追跡し、製品に対する意見や感想を聞くことが難しい配布方法（プロダクトサンプリングの方法③④⑥⑦⑧）もありました。

　サンプリングWebサイトの登場によるターゲットマッチングサン

プリングは、それまでのサンプリングの弱点を補うものです。試供品を希望する消費者は、あらかじめ自分のプロフィールや興味のある分野をサンプリングWebサイトに登録し会員となります。企業側はサンプリングWebサイトの登録会員の中から、ターゲットを抽出して試供品を配布することができ、さらに試用体験に関するアンケートを回収することが可能になりました。配布対象のカバレッジが日本全国という点も、Webサイトならではの利点です。もちろん会員の側から試したい試供品に応募できたり、クーポンを請求したりも可能で、消費生活に密着して幅広い消費者に利用されています。

　これらのサンプリングWebサイトでは、試供品配布を受けた会員同士が情報交換し、試供品の使用写真や感想をアップロードするなどSNS化が進行し、「認知」だけではなく「共感」を醸成する場になっているのも特徴的です。カスタマージャーニーの出発点としての「共感」の醸成という視点は、今後のサンプリングにとって非常に重要な点です。facebookの「いいね」を押す、Foursquareにチェックインする、といったことで試供品をもらえる「自動サンプリング機」や、陳列されている新製品を写真に撮って、指定のハッシュタグを付けてInstagramに投稿すると、もれなくその場で新商品がサンプリングされるという企画など、SNSと連動して、消費者の記憶に残り誰かに話したくなる「サプライズ」のあるサンプリングが登場しています。

8-3. モニタリング

　プロダクトサンプリング同様、ターゲット消費者に製品やサービスの試用機会を提供する手法です。試用の感想や意見を収集するといった条件のもとで、一定期間モニター製品を貸し出したり、サービスを受けてもらったりしてその特徴や機能への理解を得ることを目的としています。すでに製品やサービスの存在を知ったうえでモニターに応募することが多いので、「興味/関心」「情報収集」のステージで用いられます。

● どんな製品・サービスに向いているか
　①高額品や耐久消費財：プロダクトサンプリングに適さないもの。
　②継続性のあるサービス：美容室やスポーツクラブ、エステサロン等。

● 強み
　①モニター体験者は、製品やサービスへの愛着が高くなる。（リピート促進、新規顧客の紹介）
　②製品・サービスに対する内容の濃いフィードバックを得られる。

● 弱み
　①モニター体験者数が限られる。
　②一人当たりのモニターのコストが大きい。
　③利点を実感してもらうのに、時間がかかることがある。

● 留意点
　①ターゲットの設定：市場浸透に影響力のあるターゲットを見極める。
　②ターゲットへの到達方法の考慮：ターゲットの認知、応募を集める方法。

● モニタリングの手法
　①応募先着モニタリング
　　モニターを先着順に決定する。比較的万人受けする新商品や、季節商品に効果的。
　②応募抽選モニタリング
　　応募者全員の中から、抽選でモニターを決定する。ターゲット層全体へのアピールができる。
　③コンテスト型モニタリング
　　応募にあたって、論文やキャッチフレーズを募集し、その中から適切なモニターを選出する。
　④依頼型モニタリング
　　購入見込み度の高い顧客やオピニオンリーダーなど、適正な対象者を選別してモニターを依頼する。
　⑤オフ・プライス型モニタリング
　　モニター用の特別割引価格によって、見込み客の応募を誘い、見込み客のリスト化につなげる。
　⑥製品・サービスの試用体験
　　自動車の試乗体験、学習塾やスポーツクラブの体験レッスン、美容室やエステサロンの体験コース等、比較的短時間で行われる。必ずしも無料である必要はなく少額有料で行われることもある。

デジタル時代のモニタリング

　モニター体験者が、SNSを通して様々な意見や体験レポートを拡散することが、見込み客の拡大に結びつきます。この時にはモニター体験者と一対一の関係ではなく、モニター体験者の声に耳を傾けている多くの見込み客候補の存在を意識する必要があります。製品・サービスの質を改善していくことはもとより、その改善点やプロセスについて自社WebサイトのみならずSNSでも情報公開を行うことで、モニターの声を活かした製品・サービスづくりの姿勢を示すことができます。

8-4. デモンストレーション

　ターゲット消費者の前で実際に製品を使って見せることで、製品の特長、機能、使用方法や使用機会を直接伝える手法です。調理器具や家電製品などの実演推奨販売、食品の試食販売、飲料の試飲販売など販売店店頭で実施されることが多く、その場での売上拡大をサポートするのはもとより、購入者に「いい買い物をした」と感じさせる買い物体験を提供することができます。製品の存在を紹介するという点では「認知／共感」のステージの手法ですが、合わせて「興味／関心」「情報収集」のステージにも対応し、販売店店頭での実施では「購買欲求」や「購買」のステージをカバーします。

● どんな製品・サービスに向いているか
　①新製品：新製品の市場導入時に、製品の機能や使用方法を、実演し紹介できる。

②購入経験率の低い製品：製品の機能や使用機会を直接伝えることができる。
③競合との差別化を図りたい製品：競合との差異が明確で、優位性を実演できる。
④購入の習慣化を図りたい製品：定期的な実施で、当該製品の存在感を高め、購入機会を増やす。

● **強み**
①商品の良さを実証できる。
②見込み客を発見し、試し買いを増やすことが見込まれる。
③ブランドスイッチ（競合からの切り替え）を誘発できる。

● **弱み**
①実演できる消費者数が限られる。
②実演販売者の技能によって、成果にばらつきが出る。
③実演以降のリピート購入率次第で、費用対効果が低下する。

● **留意点**
①実施場所の選定：ターゲット消費者が多く集まる所で実施することが望ましい。
②シナリオの作成：製品説明と実演方法の流れをシナリオ化する。
③差別点、優位性の明確化：製品がどのように優れているのかが、すぐに理解できるようにする。
④ターゲット設定：ターゲットを明確にし、実演販売者がターゲットを発見するのを容易にする。

● **デモンストレーションの手法**
①インストアデモンストレーション

売り場で実施するデモンストレーション。見込み客の発見効率が良く、直接購買に結びつきやすい。
②展示会でのデモンストレーション
見本市や特設展示会の会場でのデモンストレーション。
③人出の多い場所でのデモンストレーション
ショッピングモール、レジャースポット、イベント会場等でのデモンストレーション。

デジタル時代のデモンストレーション

　製品を実際に使って見せる実演をビデオにして再生するという方法は、デジタル時代以前から試みられていましたが、実演動画の再生機会はデジタル時代を迎え飛躍的に拡大しています。Webサイト上の広告で製品を認知し、より詳しく知りたい消費者はクリック一つで実演動画を再生させ、実演を見ることができます。数パターンの実演動画を用意して、閲覧中の消費者の要望に合わせて再生させるといった、ある程度のインタラクションも可能です。面白く演出した実演動画を動画閲覧サイトにアップロードし人気が出れば、多くの「共感」を集めることも可能ですし、ソーシャルメディアの中で拡散されていく可能性も秘めています。再生アプリのダウンロードをどのようにさせるかといった課題は残すものの、売り場のPOPに自分のスマートフォンをかざすと、スマートフォンで実演動画が再生されるといったＡＲの活用も考えられます。試食、試飲といった味覚や嗅覚への訴求はできないものの、消費者側の必要に応じて、実演動画の様々な再生機会を提供していくことが大切です。

8-5. チラシ、リーフレットとその配布方法

　製品やサービスの認知を獲得し、その機能や使用方法・利点を伝える印刷物として、特にチラシとリーフレットは、多様な場面で最も多く用いられる基本的かつ伝統的なSPツールです。

【チラシ】
　一般的にチラシと呼ばれるものは一枚の印刷物で、そのままか折りたたんだ状態で配布されます。わかりやすい表現やアイキャッチ効果等で、伝えたいことを瞬時に理解してもらえる工夫がなされます。主に「認知/共感」「興味/関心」のステージに用いられますが、ターゲット消費者の行動を喚起する、「来店」「購買」の動機付けを後押しする工夫も求められます。

【リーフレット】
　リーフレットはページ数のある印刷物で、製品やサービスの特徴や魅力が明快に整理され、詳細な情報を順序立てて丁寧に伝える役割があります。主に「興味/関心」「情報収集」のステージに用いられますが、「購買欲求」を掻き立てるような工夫も求められます。

● どんな製品・サービスに向いているか
　様々な製品やサービスに利用されます。

● 強み
　①配布方法にもよるが、比較的ターゲット消費者に情報伝達ができる。

②ターゲット消費者に、情報を手元に置いてもらえる。

● 弱み
①配布される消費者数が限られる。
②印刷コスト、スケジュールの関係から、内容を常時刷新できないことがある。

● 留意点
①配布方法：ターゲット消費者への高い到達度。
②適切な表現方法：伝達内容と構成、強弱。

● チラシ、リーフレットの配布手法
①折込チラシ
　新聞折込広告や地域のコミュニティ紙、タウン誌への折込。特定エリアに集中でき、宅配なので確実にターゲット消費者に到達する。
②ポスティング
　個人宅の郵便ポストや新聞受けに、基本的には無差別に投函する。新聞折込チラシのようなサイズの制限がないので、リーフレットを投函することも可能。
③街頭配布（ダイレクトハンド）
　駅前や繁華街といった通行量の多い場所で、通行人に対して直接チラシやリーフレットを配布する。実施地域や配布する対象者を選別することで、ターゲット到達度を高める。
④店頭設置（テイクワン）
　販売店の店頭やショッピングセンターの情報スペースに、専用のラックやケースを設置して、興味のある消費者にチラシやリーフレットを持ち帰ってもらう。

⑤その他

販売店店頭、イベント会場等、様々な場所での配布。

デジタル時代のチラシ、リーフレットとその配布方法

　インターネットの普及により、デジタルチラシやデジタルリーフレットをWebからダウンロードすることが当たり前の時代になりました。これらデジタル制作物は印刷工程がないので、もしも内容に誤りがあっても即時訂正や新しい情報に差し替えることも容易で、しかも印刷や配布にかかる費用も劇的に削減できました。しかし印刷物のほうが優れている点もあります。それは、情報の携帯性です。ＰＣが主体の時代は、ダウンロードしたデジタル制作物を閲覧するのはＰＣ上だけで、それらを持ち歩くことができなかったのです。印刷物であれば、買い物の途中の街頭や店頭で配布されると、それを参考に買い物ができました。この時期にはダウンロードしたデジタルチラシを、わざわざプリントアウトして持ち歩いた経験がある人もいるのではないでしょうか。この状況はスマートフォンの普及により一変します。スマートフォンによって、いつでもどこでもデジタル化された情報をダウンロードし、閲覧し携帯できるようになったのです。デジタル制作物が即時性と携帯性を兼ね備えたことで、ペーパーレスは一層進みます。

8-6. ネット系プロモーションメディア

　インターネットの普及によって、マスメディアによる認知獲得以上に効果的で効率の良い手法が登場しました。広告枠として定型化された、ネットメディアがそれに当たります。インターネットの持つ情報の双方向性と即時性（リアルタイム）は、販売促進を進めるうえでとても大きなメリットがあります。インターネット黎明期の1990年代から、多くの企業が自社ホームページを作成し伝えたい情報を公開していますが、消費者に「検索」されず、情報の洪水の中に埋没することも避けられませんでした。ネット系プロモーションメディアは、伝えたい情報へのアクセス促進として、チラシやリーフレットを配布するように、「認知/共感」「興味/関心」のステージで活用されています。

● **どんな製品・サービスに向いているか**
　様々な製品やサービスに利用されます。

● **強み**
　①ユーザーのアクセス履歴データによる、ターゲティング配信が可能。
　②TPO(時・場所・場面)に合わせた、ターゲットコンタクトが可能。

● **弱み**
　①ターゲット層の思考、行動に対する理解が浅ければ、まったく反応されないこともある。
　②ユーザー個々のニーズ、ウォンツ、タイミングに対応した極め

て細かい対応が必要となる。

● **留意点**
　①消費者セグメンテーション：ターゲットの階層、嗜好、性質等の理解。
　②メッセージ開発：ＴＰＯに合わせた、多様で重層的な呼びかけ。

● **ネット系プロモーションメディアの手法**
　①Webテキスト広告
　　ポータルサイトのトップページに掲載されることが多い、テキストだけで表現された広告。
　②Webバナー広告
　　横断幕（バナー）の形状をした広告。興味を惹きつけ、クリックによってリンク先の情報に飛ぶ。
　③Webリッチメディア広告（動画広告）
　　ブラウザ上に動画を掲載する手法。オンマウスした時のみ動画が再生されたり、一時的にフルスクリーンで映し出されたりと注目を集めることができる。ネット動画広告では、配信する時間帯や動画の長さに制限がないので、表現自由度が高い。
　④検索連動型広告（リスティング広告）
　　検索エンジンの検索結果ページにテキストで表示される、検索キーワードに関連性の高い広告。トラフィック効果（広告への誘導）、レスポンス効果（誘導先での購入、申し込み）が比較的高く、広告クリックごとに費用が課金されるので、費用対効果が高い。
　⑤コンテンツ連動型広告
　　ＳＮＳやブログといった、消費者自身が情報発信するサイトの記事や記載内容の文脈を解析し、関連性の高い広告を自動配

信して表示させる。広告主は自社の製品やサービスに関連性
が高いサイトに広告を出すことで潜在需要にアプローチでき、
サイト運営者は広告媒体費を得ることができる。
⑥成果報酬型広告（アフィリエイト）
　広告主と契約した運営者のサイトでの広告クリック、製品やサービスの販売成約の対価として手数料を受け取る。広告主の一方的な広告ではなく、サイト運営者の視点が介在する。
⑦ガジェット、ウィジェット、ブログパーツ
　Webページに簡単なスクリプト（簡単に実行できるプログラム）を埋め込むことで、多様な表現が可能になる、ガジェット、ウィジェットというミニアプリケーションを使った広告。ブログのコンテンツの一部として使われるものはブログパーツと呼ばれる。

デジタル時代のネット系プロモーションメディア

　ネット系プロモーションメディア自体はデジタル時代に登場した手法ですが、今まではＰＣで利用されることを念頭に活用されてきました。デジタル時代が深まっていく今後はモバイル化が進行し、スマートフォンに対応した、よりタイムリーな情報受発信が行われるようになります。来店促進クーポンの配布を連結するなど既存販促手法との組み合わせで、より機動力の高い施策の入り口となっていくはずです。またソーシャルメディアの普及に対応するように、既存の広告スペースの中でユーザー自身が製作した画像等を取り込み、広告内容をカスタマイズできるＵＧＣ型広告[※1]も登場してい

※1
ＵＧＣ：User Generated Content の頭文字を取ったもの　一般の消費者が制作したコンテンツ、ソーシャルメディア上でやり取りされるコンテンツのほとんどすべて。

ます。ユーザーに対する広告関与度を高め、「共感」を集める手法として注目されています。

8-7. オープン懸賞

　懸賞やくじの総称「スイープ・ステークス」と呼ぶ販促手法は、応募してきた消費者に抽選等で景品や賞金をプレゼントするもので、当該製品やサービスと消費者の間に強いコネクションをつくります。スイープ・ステークスのうち、広く一般消費者全体を対象にしたものをオープン懸賞と呼びます（クローズド懸賞は第9章で説明）。景品や賞金の魅力によって、通常の広告活動では演出できない大きなインパクトを伴って、製品やサービスを消費者に紹介することが可能です。当該製品やサービスの利用機会、機能、ブランドイメージに合致した景品を選定することで製品やサービスに対する理解を促進したり、特定の消費者層の嗜好に合致した景品を選定することでターゲット消費者への到達度を高めたりすることもできます。主に「認知/共感」のステージで用いられますが、「興味/関心」のステージでも効果を得られます。

● どんな製品・サービスに向いているか
　①新製品や新サービスの市場導入時：早期認知と見込み客の獲得。
　②競合製品に対抗し、注目や共感を集めたい場合。
　③既存製品やサービスにおいて、新しい価値観やブランド観を提示したい場合。

- **強み**
  ①応募数から共感して、応募行動を起こした消費者（ファン予備軍）の数を知ることができる。
  ②応募者データから見込み客のリスト化ができる。
  ③景品や賞金の規模、魅力によって、話題をつくることができる。（景品の上限額規制がない）
  ④製品やサービスに対する、消費者の広告接触以上の関与を獲得できる。

- **弱み**
  ①ほかの手法に比べ、直接的な購買誘因が期待できない。
  ②一定量の応募マニアがおり、ターゲット獲得率が低下することがある。
  ③より大きなインパクトを求める場合、告知にかかる媒体費用、広告制作費用が大きくなる。

- **留意点**
  ①当該製品やサービスとの関連性：アピールポイント。
  ②販売効果への波及：購買誘因力のある、ほかの手法と併用。
  ③景品表示法規制：「取引付随性」が認められた場合、オープン懸賞にはならず景表法の規制を受ける。
  ④個人情報保護：応募受付管理、抽選、景品発送の一連の業務管理。

- **オープン懸賞の手法**
  ①クイズ解答型
  　商品名やキャッチコピー、商品特性を解答させる。多くの場合は、伏せ字部分の文字を答えさせる。

②アンケート型
　製品やサービスの使用方法や、利用場面などについてのアンケートを取る。
③コンテスト型
　製品やサービスのキャッチフレーズ募集や論文、アイデア、写真のコンテストで応募。抽選ではなく優劣によって当選を決めることもある。

デジタル時代のオープン懸賞

　インターネット普及以前のオープン懸賞は、マスメディア等で幅広く告知を行い、懸賞の実施を知らしめる必要がありましたが、インターネットは誰に対しても開かれているメディアとして認知され、そのインターネット上で多くのオープン懸賞が行われるようになりました。簡単に応募ができ、懸賞紹介サイトを通じて実施中のオープン懸賞を知ることも容易になりました。これを運営側の視点で考えると、告知費用が劇的に低下し、比較的費用を抑制しながらオープン懸賞を実施できるようになりました。インターネット応募は応募者をデータ化することに直結し、応募管理費用が抑制されるだけでなく、データベースを起点としたマーケティングを可能しました。インターネットの特性を活かすことで懸賞の手法も多様化し、その場で当たりはずれがわかるスピードくじ型、ゲームに参加して賞品を獲得する競技型、当選した景品を店舗で受け取るといった仕掛けの来店誘因型が登場しています。また、SNS上のオープン懸賞も登場しています。SNSの特性を活かし、懸賞の情報を拡散させてから応募すると当選確率が上がるものや、最低成立人数が設定されていて、参加を呼びかけることで情報拡散を狙う共同参加型懸賞が実施されています。オープン懸賞の目的は、「認知」の獲得から、

情報拡散と「共感」の獲得に変わっていきます。

8-8. プロモーションイベント

　販促手法として活用されるイベントを、プロモーションイベントと呼びます。製品やサービスの存在を知ってもらい、直接消費者の五感に訴えて製品やサービスの良さ、ブランドの世界観を体験してもらう特徴があります。その特性はほかの販促手法と比較しても特徴的で、その場の体験に終わらせずに、長期的な記憶を形成することも可能です。「認知/共感」「興味/関心」「情報収集」の各ステージを通して有効な手法ですし、プロモーションイベントのタイプによっては、直接的に購買を促進するものもあります。

● どんな製品・サービスに向いているか
　様々な製品やサービスに利用されます。

● 強み
　①ターゲット消費者と直接対話ができる。
　②ターゲット消費者に、製品やサービスを直接体験してもらえる。

● 弱み
　①イベントに参加できる人数が限られる。
　②会場設営、会場運営が重要で、成否が実施時点で判断される。
　③実施会場によって集客にバラつきが出る。

● 留意点
　①共感性の確保：集客人数より、参加者の一体感の醸成。
　②参加者への体験提供：明快なシナリオとデザイン戦略を持つ。
　③参加者のメリット：楽しかった、得をしたという要素。

● プロモーションイベントの手法
　①店頭イベント
　　クイズ、ゲームといったエンターテイメントと、製品やサービスのデモンストレーションを組み合わせて、直接販売に結びつける売り場活性型イベント。
　②街頭イベント
　　イベントスペース等で、製品やサービスを紹介するイベント。集客につながるエンターテイメントを行い、華々しさや楽しさを演出する。
　③パブリシティイベント
　　イベントの内容以上に、パブリシティ（報道、話題拡散）に重点を置いたイベント。マスコミによる取材を前提としていて、記事として取り上げてもらうための対策がなされている。
　④協賛イベント
　　コンサート、スポーツ大会等に協賛し、会場にブースを出展して製品やサービスを紹介する。

デジタル時代のプロモーションイベント

　新車を展示したショールームに、消費者がPCやスマートフォンを介してアクセスする、インターネットショールームが話題になりました。ショールームにはウェアラブルカメラを装着した何人ものスタッフが常駐し、消費者からアクセスがあると、スタッフはその消費

者の指示通りに展示車を見て回り、ウェアラブルカメラからの映像をその消費者に送るというものです。いつどこからでもショールームを体験できる、デジタル時代のプロモーションイベントにおける方向性の一つが示されました。旅行会社のイベントにて、専用ゴーグルを装着することにより、３Ｄで再現された世界の観光地を疑似体験で歩き回れる、バーチャルリアリティ体験が話題になったこともあります。３Ｄバーチャルリアリティ技術の進歩はめざましく、スマートフォンからインターネットにアクセスして、専用ゴーグルではなく手持ちのスマートフォンをゴーグルの代わりに使って、サイバー空間の３Ｄバーチャルイベント会場を自由に歩き回れるようにもなっています。デジタル時代のイベントは、ネットを通していつどこからでも参加でき、バーチャルで体験できるものになっていきます。

8-9. 第8章のまとめ

- プロダクトサンプリング
    - ターゲット効率が良く、比較的短期間に効果を上げることができる。

- モニタリング
    - 高額品や耐久消費財、継続性のあるサービスに向いており、モニター体験者の購買動機付けになる。

- デモンストレーション
    - 商品の良さを実証でき、見込み客の発見、新規顧客の試し買いを増やすことができる。

- **チラシ、リーフレットとその配布方法**
  - 比較的ターゲット消費者に情報伝達ができ、情報ストックとして手元に置いてもらえる。

- **ネット系プロモーションメディア**
  - ターゲティング配信が可能で、TPOに合わせたターゲットコンタクトができる。

- **オープン懸賞**
  - 消費者の広告接触以上の関与を獲得し、応募者データから見込み客のリスト化が可能。

- **プロモーションイベント**
  - ターゲット消費者と直接対話ができ、製品やサービス、ブランドを直接体験してもらえる。

<了>

第9章

＜購買欲求～比較検討～来店～購買＞のステージでの販促手法

執筆：電通ヤング・アンド・ルビカム
　　　ショッパー・マーケティング室 室長
　　　藤枝テッド和己

9-1. 購買欲求～比較検討～来店～購買のステージでの販促手法

　この章ではカスタマージャーニーにおける、「購買欲求」「比較検討」「来店」「購買」の各ステージに適している販促手法を解説します。

　「購買欲求」のステージは、製品やサービスを「欲しい」「買いたい」と思うようになるステージです。すでに製品やサービスに興味を持ち、それに関する情報を集めてはいるものの、まだ「欲しい」「買いたい」とは思っていない消費者の購買意欲を高めるために、製品やサービスに対するニーズを喚起する販促手法が用いられます。

　「比較検討」のステージは、製品やサービスの購入に向けて、様々な観点から比較検討を行うステージです。消費者が必要とする情報は、製品やサービスの詳細情報や価格に関する情報だけではなく、それを選ぶ理由や、購入を後押ししてくれる条件も含まれてくるので、より広範な情報サポートを準備する必要があります。

　「来店」のステージは、製品やサービスを購入するために、販売店に訪れる行動のステージです。来店誘因となる様々な販促手法に加え、幅広く購買機会を提供することが求められます。またオンラインとオフラインの購買機会を、シームレスに誘導することも重要です。

　「購買」のステージは、実際に製品やサービスを購入するステージです。購買の意思決定や最終的な購買動機付けをサポートする販促手法で、「売りの完結」に影響を与えていきます。

「購買欲求」から「購買」の各ステージでの販促は、相互に関連し合って「売れる仕組み」を形成しています。なにが有効な購買刺激となって実際の購買行動を誘発しているのか、一連の流れとして捉えることが重要です。

第9章のポイント

☐ カスタマージャーニーにおける「購買欲求」「比較検討」「来店」「購買」の各ステージでは、消費者はどのように行動し、販促手法はどのように機能するかを把握する。

☐ それぞれの販促手法の「強み」「弱み」「留意点」を理解する。

☐ それぞれの販促手法が、デジタル時代を迎えてどのように変わったかを捉える。

9-2. クーポニング

　特定の製品やサービスに対する割引券、優待券のことをクーポンと呼び、クーポンをターゲット消費者に配布する販促手法をクーポニングといいます。製品やサービスを購入する時にクーポンを持参すれば、記載されている額面分だけ割引や優待を受けることができます。メーカーが自社製品の販促のために発行するクーポンと、小売店が自店舗への誘客のために発行するクーポンがあります。どちらも来店や購買の動機付けを強くサポートするので、「来店」「購買」のステージで効果を発揮するものです。また、クーポンを入手することによって、製品やサービスを選定する理由になることから「比較

検討」ステージでの効果も見込めます。

● どんな製品・サービスに向いているか
　①新製品：新製品の市場導入時に、即効的に試用購買を促進する。
　②競合環境が厳しい製品：ブランドスイッチ（競合からの切り替え）を促進する。
　③定期的な購入が期待できる製品やサービス：リピート促進や休眠客の掘り起こし。

● 強み
　①割引や優待の内容、実施規模を自在に決めて実行できる。
　②来店や購買動機付けの確実性が高い。
　③課題に応じて、トライアル促進・リピート促進ともに機能させることができる。
　④配布ターゲットを絞り込むことができる。（ターゲット効率）

● 弱み
　①購入頻度の高いユーザー（ロイヤルユーザー）には、需要の先食いを生じさせやすい。
　②クリアランス（使用されたクーポンの割引や優待分を割り戻し）に手間がかかる。

● 留意点
　①最適な特典提供：ターゲット特性や展開スケジュールから、割引や優待の内容を調整する。
　②実施頻度：クーポニングが恒常化されると、低価格化、ブランド価値の低下につながる。

● クーポニングの手法

①プリント媒体クーポン

新聞、雑誌、フリーペーパー、新聞折込等で広範囲に配布される。

②フリークーポン

ポスティングや店頭や街頭で手渡し配布。もしくは、店内のカウンターなどで自由に手に取れるようにする。

③メーリングクーポン

あらかじめリストアップされたターゲットに郵送される。

④パッケージクーポン

パッケージに封入、添付され、次回の購入時に利用できる。

⑤インスタントクーポン

製品そのものや関連製品に添付され、その場で即時利用できる。

⑥チェックアウトクーポン

ＰＯＳ（販売時点情報管理）と連動した仕組みで、特定商品を購入した買い物客に任意のクーポンを手渡す。レシートと同時に当該クーポンが発行される、カタリナマーケティングの「レジ・クーポン®」が代表的なサービス。

⑦ポイントプログラムクーポン

ポイントプログラム（第10章で詳細解説）で一定量のポイントが貯まると発行される。店頭等に設置された専用端末でプリントアウトされる。

⑧デジタルクーポン

ＰＣやモバイル端末、店頭に設置されたデジタルサイネージから、製品やサービスの情報に接触した消費者に発行される等、様々な新しい手法が登場している。

デジタル時代のクーポニング

　クーポンが一般的な欧米に比べ、これまで日本ではあまり普及しなかった販促手法でしたが、デジタルクーポンの登場によって利用する企業、消費者が増加し、デジタル時代が進むにつれて様々な手法が登場しています。店頭に設置されたデジタルサイネージでゲームに参加すると、その得点によって割引率の違うクーポンが提供されるエンターテイメント型クーポンや、SNS上でターゲティングされた対象者に配布するクーポンが登場し、より強い購買誘因・来店促進を実現しています。

　急速に普及している共同購入型クーポンは、一定の顧客数に達することが成立条件になっている高割引率クーポンを、クーポン販売サイトを通じて消費者が「購入」するものです。消費者同士で顧客数の条件を達成するために購入者を募るなど、ソーシャルメディアでの話題拡散が実現しています。位置情報連動クーポンは、スマートフォンのGPSによる位置情報を利用して、店舗の近隣にいる消費者にその店舗で利用できるデジタルクーポンを配信できるシステムです。このシステムを利用すれば、ある店舗に入店すると、現在利用できるデジタルクーポンが配信されてくるといった事も可能になります。

9-3. クローズド懸賞

　製品やサービスの購入が懸賞やくじに参加する条件となっている、「スイープ・ステークス」(懸賞やくじなどの総称)を、クローズド懸賞と呼びます(オープン懸賞は第8章で説明)。抽選でプレミアムが当たることを呼びかけ、購買を誘発する販促手法で、消費者はパッケージに添付されたシールやレシートといった購入証明を添えて応募します。魅力的なプレミアムであれば多くの応募を集めることができ、その分対象の製品やサービスの売り上げが伸びるので、主に「購買」のステージに有効です。製品やサービスに関連したプレミアムやブランドイメージを補強するプレミアムを提供することで、製品やサービスの使用機会を訴求したり、ブランドの世界観を提示したりすることもできます。さらに製品やサービスに対するニーズを喚起する、「購買欲求」のステージでも効果を発揮します。また店舗や商店街、ショッピングモールで実施すると、「来店」のステージにも有効です。

● どんな製品・サービスに向いているか
　様々な製品やサービスに利用されます。

● 強み
　①応募数から販売量・売り上げを計算し、販促効果を数値で把握できる。
　②応募者データから実際の購買者、ユーザーのリスト化ができる。
　③厳しい競合環境では、既存ユーザーの維持に効果を発揮する。
　　(まとめ買い、連続買い)

● 弱み
　①景品の魅力度に左右される。
　②新規顧客開拓よりも既存ユーザー向けのサービスになりやすい。
　③対象の製品やサービスだけでなく、景品自体の告知、魅力訴求が必要となる。
　④購入頻度の高いユーザー（ロイヤルユーザー）には需要の先食いを生じさせやすい。

● 留意点
　①プレミアムの魅力：焦点を絞った明快なアピール。
　②ブランドイメージ：ブランドの価値観を体現。
　③実施時期、期間、テーマ設定：対象製品やサービスの拡販に合致したタイミング、テーマ。
　④景品表示法規制：プレミアムの限度額は、景表法の規制を受ける。
　⑤個人情報保護：応募受付管理、抽選、景品発送の一連の業務管理。

● クローズド懸賞の手法
　①応募抽選型
　　全国一斉、もしくは特定地域に限定して行われる。実施期間中に対象の商品やサービスを購入し、応募する。抽選によって当選者を決める。全国キャンペーンではテレビ広告を中心とした、マスメディアで告知されることも多い。
　②インスタントウィン型
　　スピードくじやスクラッチカードで、その場で当たりはずれがわかる。特定チェーンや店舗に限定して実施されることが多い。
　③チェーンタイアップ型

特定小売業に限定して、当該店舗に来店した顧客を対象に応募抽選で実施される。
④共同懸賞
商店街やショッピングモール内複数店舗が、共同で実施する。上記①〜③とは懸賞規制が異なる。

デジタル時代のクローズド懸賞

　インターネット普及以前は、はがきに購入証明を貼付しての郵送による応募がほとんどでしたが、最近ではレシートの画像添付やレシート番号、商品記載のシリアル番号を記載して、ＰＣやスマートフォンから応募できるものが主流となってきました。ネットショップで購入して、そのまま懸賞に応募できるケースも増えています。またインターネット上では「会員登録」「メールマガジン購読」を、応募条件とする懸賞も多く行われています（会員登録やメールマガジン購読は、「取引に付随する行為」としてクローズド懸賞になります）。このようなネットを介しての応募によって応募者のデータ管理が容易になり、クローズド懸賞の実施から時間を置かずに、応募者（つまり購入者）とコンタクトが取れるようになりました。キャンペーンの追加情報を速報したり、はずれ残念メールを送信したりといったコミュニケーションも取れるようになったのです。また音楽や映像といったデジタルコンテンツを活用すれば、プレミアムを届けるという作業を、一瞬で終わるダウンロードだけで済ませることができます。

9-4. 総付けプレミアム

　対象の製品やサービスを購入すれば、必ずプレミアムがもらえる、いわゆる「おまけ」のことを総付けプレミアム（ベタ付け）と呼びます。あからさまな値引きではなくプレミアムの分だけ「特典」を上乗せする展開なので、値引きによって引き起こされかねない販売価格の下落やブランド価値を損失する心配がなく実施できます。ブランドイメージに連動したアイテム、製品と一緒に使用できるアイテム、製品とは直接関係ないが実用性のあるアイテム（携帯カイロやマスク等）や話題性のあるアイテム（人気アニメのキャラクターグッズ等）、コレクション性のあるアイテム（ピンバッジ等）といった、様々なアイテムがプレミアムとして利用されています。主に「購買」のステージで購入動機を後押しする効果があり、コレクションアイテムを活用すれば継続購入の誘発も見込めます。

● どんな製品・サービスに向いているか
　様々な製品やサービスに利用されます。

● 強み
　①売り場で、価格以外の注目を集めることができる。
　②特定の小売業や店舗、地域、業態に個別的に対応できる。
　③購買時点での購入動機付けができる。

● 弱み
　①景品の魅力度に左右される。
　②新規顧客開拓よりも、既存ユーザー向けのサービスになりやすい。

③景品表示法の規制内で、プレミアムを魅力付けすることは容易ではない。

- 留意点
  ①プレミアムの方向性：季節要因や販売店の傾向から、売り場が確保しやすいアイテムを起用。
  ②配布方法：出荷段階で製品に添付するのか、販売店店員に委託するのかなど。
  ③実施時期、期間、テーマ設定：対象製品やサービスの拡販に合致したタイミングとテーマ。
  ④景品表示法規制：プレミアムの限度額は景表法の規制を受ける。

- 総付けプレミアムの手法
  ①インパックプレミアム
  　製品パッケージの内部に封入。
  ②オンパックプレミアム
  　製品パッケージの外側に添付。
  ③ニアパックプレミアム
  　製品パッケージとは一体化せず、製品の側に置き購入者に持ち帰ってもらうか、店員が手渡しする。
  ④プレミアムパッケージ
  　製品パッケージ自体が、プレミアムとなっている。(小物入れ、ポーチ等)
  ⑤申し込み式プレミアム(フリー・イン・ザ・メール)
  　申し込み条件(単数購入や複数購入)に沿って、購入証明を送付して申し込めばもれなくもらえる。
  ⑥自己清算式プレミアム(セルフ・リキデーション)
  　プレミアム代金の一部もしくは全額を消費者が負担する。通

常市場に出回らないプレミアムや、高額プレミアムを入手できる。申し込み条件に沿って、購入証明を送付して申し込む。

⑦デジタルプレミアム

製品に添付されたコード番号を、ＰＣやスマートフォンで送信するとダウンロードできる。

デジタル時代の総付けプレミアム

インターネットの普及とともに、ＰＣのスクリーンセーバー、ゲーム、デスクトップアプリといったデジタルコンテンツがプレミアムとして活用され始めました。デジタルコンテンツは数量を増やしても製造コストが上昇せず、配送や在庫管理のコストも不要なことからプレミアムとして採用する企業は増え続け、アイテムも電子マネーやポイント、オンラインストアのギフト券、ソーシャルメディアでコミュニケーションに使用するアイテム（LINEスタンプなど）と多様化しています。

9-5. 価格プロモーション

一時的に製品やサービスの価格を下げることで、新規顧客のトライアルを誘発する販促手法が価格プロモーションです。製品やサービスの価格そのものを変更する価格政策とは異なり、あくまでも短期的な販売促進の一環として実施されます。誰にでもわかりやすい「値引き」というシンプルな手法で即効性が高いために、頻発、多用されますが、販売価格の下落のきっかけになり安売りイメージが残るといった副作用も大きいので、ターゲットと期間を限定し実施

する必要があります。ほとんど「購買」のステージでのみ効果を発揮しますが、必要に応じてリピート購入促進にも機能させることができるので、継続購入の効果も見込めます。

- どんな製品・サービスに向いているか
  ①新製品：新製品の市場導入時に、即効的に試用購買を促進する。
  ②競合環境が厳しい製品：ブランドスイッチ（競合からの切り替え）を促進する。

- 強み
  ①購入動機付けの即効性と確実性が高い。
  ②特定の小売業や店舗、地域、業態で限定的に実施できる。
  ③課題に応じてトライアル促進にもリピート促進にも機能させることができる。

- 弱み
  ①製品やサービスの理解がともなわなければ、単なる値下げとなり、低価格常態化のきっかけとなる。
  ②低価格イメージを残すことで、ブランド価値を大きく損なうことがある。
  ③購入頻度の高いユーザー（ロイヤルユーザー）には需要の先食いを生じさせやすい。

- 留意点
  ①需要の開拓：需要開拓のための明確なターゲットと期間を設定する。
  ②訴求ポイント：製品やサービスの訴求ポイントを明確に打ち出し、「値引き」以上にアピールする。

③値引きの理由提示：なぜ値引きをしているのかの理由（ご愛顧感謝、発売一周年等）を掲げる。

● **価格プロモーションの手法**
①値引き
　商品の販売価格を通常より低価格で販売する、最もシンプルで即効性をともなう方法。商品の販売促進という側面だけではなく、来店誘因となる目玉商品の設定にも使われる。値引き金額の原資は販売促進費用から支出されることが多く、商品の拡販や集客といった目標に対して費用対効果を求められる。
②キャッシュバック（リファンド）
　製品やサービスを購入した顧客が、購入証明とエントリーシート（申し込み書）を送付することで、購入費用の一部を現金で払い戻してもらう。小売業が行う場合は、メンバーカードにポイントで還元したり、次回から利用できる金券をレジで渡したりする。
③バンドル（お買い得セット）
　製品を複数まとめて販売することで、一個あたりの単価が安くなるように設定される。同じ製品をセットにする場合と、関連製品をセットにする場合がある。
④ボーナスパック（増量パック）
　通常価格ながら、通常のパッケージよりも容量を増やして、割安感を訴求する手法。
⑤トライアルパック
　新製品発売時などに数量限定で販売される、価格をおさえたお試しパック。
⑥均一価格
　よりどり○○円、詰め放題○○円といった価格プロモーション。

イベント性がある。

デジタル時代の価格プロモーション

ネット販売特別価格、ネット限定特別パックといった、オンラインストア限定の価格プロモーションが行われています。オンラインストアでの購買体験や集客が目的で実施されていますが、実店舗に比べてコストがかからないオンラインストアでは価格コントロールに融通性があるので、深夜、早朝価格、タイムサービスといった価格を自在に打ち出し、ターゲット顧客を獲得していきます。

9-6. POP（購買時点ツール）

POPとはPoint of Purchaseの略で、「購買時点」と訳すことができます。一般的には購買時点における、広告物を指す用語です。「広告」という言葉から、製品やサービスを告知し認知を獲得するための制作物と思いがちですが、「購買時点」とは製品やサービスの購入が決定される極めて重要な「時点」で、売り場の雰囲気を演出して購買を決定させるための多様なツールのことを指しています。製品やサービスの購入意思決定の多くは購買時点でなされているともいわれ、POPの果たすべき役割は「購買」のステージのみならず、「購買欲求」や「比較検討」のステージにも及んでいます。

● **どんな製品・サービスに向いているか**
様々な製品やサービスに利用されます。

● 強み
　①売り場で直接的に製品やサービスを、買い物客にアピールすることができる。
　②買い物客に情報を提示して、買い物をサポートすることができる。

● 弱み
　①様々なメーカーがPOPを持ち込むので、売り場に統一感がなくなる。
　②小売業者によっては、メーカー支給のPOPを積極的には活用しない。
　③買い物客のすべてが、POPを真剣に見ているわけではない。
　④配送、廃棄に費用が掛かる。

● 留意点
　①機能と表現要素：機能をシンプルにし、その機能に特化した表現要素に絞る。
　②買い物客視点：買い物客の気持ちになって表現を開発する。（小さい文字は読みたくないなど）
　③カテゴリー視点：自社ブランドの訴求だけではなく、属するカテゴリー全体の活性化を考える。
　④作業のしやすさ：設置から撤去、廃棄までの作業のしやすさを考慮し仕様を決める。

● POP（購買時点ツール）の手法
　①エントランスエリアのツール
　　・駐車場、駐輪場、店舗の入り口周辺。
　　・買い物客の状態：早く店内に入りたい。立ち止まってまで、細かい文字は読まない。

- 表現の基本：大きくわかりやすい文字で、はっきりと新情報（ニュース）を伝える。
- 店外サイン、ポスターボードなど。

②ナビゲーション（案内誘導）のツール
- エレベータ前、コーナー表示、主導線。
- 買い物客の状態：行きたい売り場、探し物にたどり着きたい。不必要な情報は目に入らない。
- 表現の基本：矢印、足跡といった図表や、遠くからでも視認できるツールで誘導。
- バナー、シーリングPOP、フロアーステッカー、コーナーサインなど。

③催事エリアのツール
- アイランド（島型の陳列）、特設大量陳列。
- 買い物客の状態：お買い得ななにかが、あるかもしれない。お買い得は見逃したくない。
- 表現の基本：陳列商品回りで、お買い得訴求。勢いやイベント感のある表現。
- フロアーPOP、カットアウト、大き目のショーカード。

④販売シェルフのツール
- 販売棚（定番売り場）、エンド（通路面に向いた販売棚の両端の陳列棚）。
- 買い物客の状態：間違いのない買い物をしたい。損したくない。正しい値段で購入したい。
- 表現の基本：商品特性、購入の理由提供、価格をシンプルに伝える。
- ショーカード、ウォール・マーチャンダイザー（商品ディスプレイキット）、棚レールPOP。

デジタル時代のPOP（購買時点ツール）

　映像や音、光（照明）を使い、インタラクティブ性や動きをともなうPOPによって、店頭でより印象的で効果的な購買刺激を実現したいニーズの高まりと、次々と登場する新しいデジタルテクノロジーによって、様々なデジタルPOPが売り場を賑やかにしています。ショーケースの透明ガラスに透明ＬＣＤ（液晶ディスプレイ）を組み込んだ、動画を表示するショーケースや、パネルに動画を投影することで、テレビＣＭキャラクターが語り掛けてくるような大量陳列ツール、顔認証技術を駆使し、ディスプレイ画面の前にいる買い物客の年齢と性別を判断して表示する内容を変化させるデジタルサイネージ、ヒト型ロボットとタブレット端末による接客など、店頭で映像情報を流すことが当たり前になってきています。もはや映像を制作し表示することに大掛かりな設備や高額な機器を必要としなくなり、ネットワーク対応も標準仕様となっています。

　そしてPOPは消費者個人が所有するスマートフォンと連動することで、大きく進化することになります。スマートフォンをかざすことでその製品を使った料理のレシピや、製品の使用方法の解説映像がそのスマートフォンに表示されるなどの視覚的な情報刺激が可能になり、「購買欲求」「比較検討」のステージでの有効性が飛躍的に高まります。さらにiBeaconやNFCといった近距離無線通信技術、屋内測位技術は、あらかじめ登録しておいた買い物リストにしたがっての売場案内や、付近を通行する顧客への来店誘因メッセージ送付、売り場で欠品している商品のオンラインストアでの在庫状況のお知らせといった、購買に必要な情報の受発信を可能にし、「来店」「購買」のステージで大きな効果を発揮します。

買い物客はこれらの購買体験を、そのままスマートフォンでSNSに情報発信・拡散でき、企業側も顧客との通信記録をビッグデータとして蓄積・分析することが可能になります。デジタル時代のPOPとは、まさにオムニチャネルリテーリングの接着剤、潤滑油として機能していきます。

9-7. カウンセリング

　接客販売員の役割の中に、専門知識や技術によるカウンセリングがあります。多種多様な電気製品を扱う家電量販店で、スーパーマーケットに比べ接客販売の比重が極めて高い理由は、カウンセリングが重要な販促手法だからです。生命保険や損害保険・金融サービスにおいても、カウンセリングが必要不可欠の機能となっていますし、ブティックのスタイリングコーディネーター、酒販店のワインアドバイザー、中古車ディーラーの査定診断もカウンセリングの販促手法と捉えることができます。店舗にカウンセラーを常駐させるのはコスト面では大きな負担となりますが、ICT（情報通信技術）の進歩で、ネットを介して全国の消費者に対して常にカウンセリングができるようになり、個別に消費者に対応することで販売を強力にサポートするケースも出てきました。カウンセリングは「購買欲求」「比較検討」のステージで、極めて効果的な販促手法です。

● どんな製品・サービスに向いているか
　①専門的な知識、技術が関連する製品やサービス。
　②医薬品等法律で定められている製品やサービス。

● 強み
　①消費者から高い信頼を得ることができる。
　②製品やサービスについて、知識の乏しい消費者を購買体験に誘導することができる。

● 弱み
　①担当者の対応と知識量に左右される。
　②ネットを介するにせよ、十分なカウンセラーを常駐させる必要がある。

● 留意点
　①製品やサービスに関する知識：広範な知識のトレーニングや技術書などの準備。
　②Q＆Aの準備と更新：過去の質問内容から頻出する質問を中心にQ＆Aを制作し、随時更新する。
　③重層的な対応：カウンセラー個人の対応ではなく、連絡体制を含め組織全体として対応する。
　④コミュニケーションの継続：相談番号やログを残し、コミュニケーションの継続を前提とする。

● **カウンセリングの手法**
　①電話窓口：音声でのリアルタイム対応。
　②Web窓口：テキストや音声でのリアルタイム対応。
　③電子メール受付：電子メールベースでやり取り。
　④テレビ電話：主に店頭に設置された双方向モニターによる、相互の映像通信。

デジタル時代のカウンセリング

　製品やサービスについては、多くの消費者が同様な疑問質問をいだきます。ソーシャルネットワークにそれらの疑問質問が投げかけられることも多く、ソーシャルネットワークでは話題が拡散しているのにメーカー側がまったく対応していないケースもありました。カウンセリングも一対一の関係ではなく、一対一で対応しているつもりでもその消費者の後ろには、同じ製品やサービスに対して同様な疑問質問を持つ多くの消費者ネットワークがあるかもしれません。ソーシャルネットワークに疑問質問が投げかけられたら、即時適切に対応する必要性が高まっています。適切な回答をソーシャルネットワークに発信することで、大きな販促効果を得られた例もありますし、ソーシャルネットワーク上で、積極的にカウンセリングを実行する企業も現れています。

9-8. 第9章のまとめ

- **クーポニング**
  - ターゲット効率が良く、来店や購買の確実性が高い。トライアル促進、リピート促進にも機能。

- **クローズド懸賞**
  - 応募数から販売量や売り上げを計算でき、応募者データから実際の購買者をリスト化できる。

- **総付けプレミアム**
  - 購入動機を後押しし、継続購入の誘発も見込める。

- **価格プロモーション**
  - 購入動機付けの即効性と確実性が高いが、販売価格下落、安売りイメージという副作用も大きい。

- **POP（購買時点ツール）**
  - 売り場で直接的に買い物客にアピールし、買い物をサポートできる。

- **カウンセリング**
  - 消費者から高い信頼を得られ、製品やサービスの知識の乏しい消費者を購買体験に誘導できる。

<了>

第 10 章

＜継続購入〜顧客化〜共有/拡散＞のステージでの販促手法

執筆：電通ヤング・アンド・ルビカム
　　　ショッパー・マーケティング室 室長
　　　藤枝テッド和己

10-1. 継続購入～顧客化～共有/拡散 のステージでの販促手法とは

　この章では、カスタマージャーニーにおける「継続購入」「顧客化」「共有/拡散」の、各ステージに適している販促手法を解説します。

　「継続購入」のステージは、顧客が一度購入した製品やサービスを、リピート購入し継続して使い続けようと思うステージです。既存顧客であっても、いつまでも製品やサービスを購入し続けるとは限らないので、新規顧客獲得と同様に、既存顧客維持は重要な販促のテーマです。このステージでは、顧客の便益（ベネフィット）を明確にすることで継続購入を促します。販促手法が用いられるほか、クロスセル（多種の商品を購買してもらう）やアップセル（高額な商品を購買してもらう）を誘導し、客単価や購入量を増やす手段が講じられます。また、一度製品やサービスを購入したあと、なんらかの理由で継続購入をしなくなった休眠客の掘り起こしも、このステージでの施策になります。

　「顧客化」のステージは、継続購入している製品やサービスと強い結びつきを感じ、自分と同様にその製品やサービスを購入している顧客同士で交流をするといった、より積極的な関わりを持つステージです。顧客の心の中に占める好意の度合（マインドシェア）によって階層が異なるので、用いられる販促手法も階層ごとに展開を変え、優良顧客として維持・育成していくことが大切です。

　「共有/拡散」のステージは、デジタル時代が進行するにつれて大変重要になってきたステージで、顧客がとても気に入っている、

もしくは自分の生活の一部になっている製品やサービスについて、「誰かに情報として伝えたい、誰かと情報を共有したい」と思うステージです。家族や友人知人にその製品やサービスを勧めてもらう、紹介してもらうといった販促手法が用いられるほか、デジタル時代では"ソーシャルメディアを念頭に置いた、製品やサービスに関する話題づくりや評判形成をどのように仕掛けるか"を考える必要があります。

「共有 / 拡散」のステージは、カスタマージャーニーの最後のステージですが、ここで発信される情報が新たな「共感」を呼び、製品やサービスに対する「認知」を獲得し、新しい需要を開拓することになります。そして、ここで発信される情報は、カスタマージャーニー全体を通して「体験」したカスタマーエクスペリエンス（顧客経験）そのものが源泉となっており、素晴らしい顧客体験は、大きな「共感」を集めることになります。

第10章のポイント

- □ カスタマージャーニーにおける「継続購入」「顧客化」「共有 / 拡散」の各ステージでは、消費者はどのように行動し、販促手法はどのように機能するかを把握する。
- □ それぞれの販促手法の「強み」「弱み」「留意点」を理解する。
- □ それぞれの販促手法はデジタル時代を迎えてどのように変わったかを捉える。

10-2. ダイレクトメール（DM）

　個人に直接メッセージを伝達する販促手法を、ダイレクトメールと呼びます。郵便はがきによる案内や挨拶、カタログやリーフレット、クーポンを同封した封書、電子メールといった形態があります。ダイレクトメールは、特定のターゲットに絞ったアプローチができる手法なので、どんなターゲットに送付するかのリストアップが極めて重要になってきます。「興味/関心」「情報収集」のステージで接触した見込み客に「比較検討」を促すダイレクトメールと、「比較検討」のステージでコミュニケーションした見込み客に「来店」「購買」を働きかけるダイレクトメールでは内容が異なり、ターゲットのリストアップ方法も変わります。個人情報保護法が施行されて以降は、ダイレクトメールを送付するにあたり、対象者の同意が必要になりました。各ステージで接触した消費者から、あらかじめダイレクトメールの同意をもらい、見込み客リストとして管理する必要があります。ダイレクトメールが最も大きな効果を発揮するのが、製品やサービスを一度以上購入した経験を持つ既存顧客を対象にした、「継続購入」「顧客化」のステージです。企業が顧客と長期的で良好な関係を築くための、CRM（Customer Relationship Management：顧客関係性管理）において、ダイレクトメールは顧客とのコミュニケーションを継続する手段だからです。

● どんな製品・サービスに向いているか
　様々な製品やサービスに利用されます。

- 強み
  ①ターゲットリストに基づいた、ダイレクトで効率の良いアプローチができる。
  ②顧客との関係性を深め、顧客の信頼感や満足感を醸成することができる。
  ③ターゲットの反応を測定できる。

- 弱み
  ①警戒感をいだかせることがある。(押し売り、押しつけ)
  ②顧客情報を十分理解していないと顧客ニーズに合致せず、反応を得られない。

- 留意点
  ①親近感の演出：手書きや添え書き、オンデマンド印刷による個人へのカスタマイズ。
  ②送付にあたっての理由提示：送付理由への理解を促進し、警戒心を和らげる。
  ③特典の提供：来店や購買といった次の行動を促進し、特別優待のイメージを付加する。

- ダイレクトメールの手法
  ①情報請求に対する回答
    カタログ請求や各種問い合わせへの回答。情報請求に対して十分な回答を示す。
  ②各種お礼
    来店、購入、メールマガジン登録といった消費者のアクションに対するお礼。
  ③各種案内

セール情報、イベントの案内。優待券やクーポンを同封し、次のアクションを促す。
④定期送付
ニュースレター、メールマガジン、年賀状や季節の挨拶。顧客ロイヤルティを高める。

デジタル時代のダイレクトメール

電子メールは、郵便や宅配に代わってダイレクトメールの主役になりました。まず印刷や郵送のコストがかからず、大量の電子メール発信やデータベース化が容易で、印刷や郵送の時間を考えずに最新情報を即時配信できる、といった企業側の利点があります。さらに、住所や電話番号の登録がいらない気安さ、即時に申し込みや応募ができる即時性、友人などへの転送の容易さが、消費者の側からも支持されています。

10-3. ポイントプログラム

多くの販促手法は比較的短期間に実施され一時的に特典を提供しますが、製品やサービスを購入するたびにポイントを付与し、一定量のポイントが貯まると特典を進呈するポイントプログラムは、中長期的に顧客と関わりを持ち顧客をつなぎ止め、さらに優良顧客に導く販促手法です。ＦＳＰ（Frequent Shopper Program：頻繁な購入客向けプログラム）とも呼ばれ、顧客にポイントを付与することで当該製品やサービスの購入状況、店舗の利用状況を把握し、その頻度に応じて顧客を優遇するので、「継続購入」「顧客化」のス

テージで大きな効果を発揮します。消費者は、自分の住所や年齢といった情報を提供してポイントプログラムに参加し、買い物の度に会員カードを提示しポイントを加算してもらいます。これは企業側から見ると、その都度、顧客基礎情報に顧客の購買履歴データが蓄積されることになります。企業はその顧客の購買傾向を知ることで、おすすめ商品の案内やセール情報の提供といった販促ができるようになりました。さらに購買実績により顧客を選別し、ポイントの提供や利用方法で優良顧客を優遇し囲い込むことができます。

【ポイント提供方法】
- バスケットポイント：買い物総額に対して、一定率のポイントが提供される。
- 来店ポイント：来店するだけで加算されるポイント。
- ゲームポイント：ゲームに参加することで、結果に応じて付与されるポイント。
- ボーナスポイント：月間や年間の利用が多ければ付与される、優良顧客向けポイント。
- 商品ポイント：特定の製品やサービスを、値引く代わりに提供する。商品の販促として利用。
- セールポイント：セール期間中に、ポイント還元率が高くなる。集客、販促に利用。

【ポイント利用方法】
- 購入金額割引：商品購入の際に、ポイントを使って割引を受けることができる。
- 景品交換：カタログなどから、好みの景品を選んで交換できる。
電子マネー交換：電子マネーと交換できる。
- 利用券交換：航空券や宿泊券などのサービス利用券と交換で

きる。

- **どんな製品・サービスに向いているか**
  ①小売業で利用されることが多い。
  ②輸送業、旅行業、金融業をはじめとした継続利用性の高いサービス業。

- **強み**
  ①確実に顧客との関係形成を図ることができる。
  ②ポイント付与をほかの販促手法の特典として利用できる。(プラットフォーム性)
  ③顧客データベースの構築と、それによる多様なプロモーション機会の提供。

- **弱み**
  ①新規顧客の誘因にはならないことが多い。
  ②即効性のある特典を求める消費者が多い。

- **留意点**
  ①制度手法：販売体系に組み込む制度であり、全社的な習熟や制度を顧客に浸透させる必要がある。
  ②優良顧客誘導：購入金額や購入頻度を向上させる、積極的なプログラムの導入。
  ③顧客階層化：購入価格や頻度によって顧客をランク付けし、ランク別の対応、特典を用意。

- **ポイントプログラムの手法**
  ①トレーディングスタンプ

店舗や商店街が発行するスタンプカード。一定数のスタンプで優待や景品と交換。
②ポイントカード
ポイントが加算される会員カードで、個人情報、購買履歴と一体管理する。
③共通ポイントカード
複数の店舗や企業が参加する、共通ポイントカード。利用度が広がり、ポイントが早く集まる。
④マイレージサービス
航空会社が、顧客に行うポイントプログラム。搭乗距離に比例して、当該航空会社のサービスを提供。

デジタル時代のポイントプログラム

　デジタル技術はポイントの加算や利用といった、本来、複雑なポイントプログラム管理を容易にし、普及に大きな役割を果たしました。今後はスマートフォンを中心にカードレス化が本格化し、スマートフォンからオンラインストアで買い物をしても、実店舗でスマートフォンを使って決済しても、同様にポイントが貯まるシームレス化が進行していきます。SNSポイントと呼ばれる、ソーシャルメディアで購買体験やブランド体験を公開したユーザーにポイントを加算する、新しいポイント付与システムも登場しました。今後は様々な消費者行動に対して、ポイントが付与されるようになるでしょう。買い物とポイントは一体の関係になり、ポイントの提供や特典交換が販促手法として活用されていきます。

10-4. メンバーシップ制度（会員組織）

　製品やサービスの購入者もしくは店舗の来店者を、購入頻度や来店頻度を上げる目的で組織化する販促手法です。「継続購入」「顧客化」のステージで効果を発揮し、会員がソーシャルメディアに情報を発信することで「共有/拡散」のステージでも有効です。また、見込み客を製品やサービスの購買に誘導する目的の会員組織は、「情報収集」「購買欲求」「比較検討」の各ステージで効果が期待できます。

● どんな製品・サービスに向いているか
　①小売業、通信販売。
　②輸送業、旅行業、金融業をはじめとした継続利用性の高いサービス業。
　③化粧品、特定のベネフィットのある製品（無農薬、無添加、産地直送など）。
　④趣味性、同好性のある製品（スポーツカー、ランニンググッズなど）。

● 強み
　①確実に顧客との関係形成を図ることができる。
　②ファンの育成、推奨者の育成。
　③顧客データベースの構築と、それによる多様なプロモーション機会の提供。

● 弱み
　①継続的で忍耐強い対応が求められるケースがある。

②会員特典の経費が上昇する傾向がある。

- **留意点**
  ①コミュニケーション手段：会報の発行、会員イベントの実施など。
  ②波及効果：友人や知人の紹介や、製品レビュー書込みの特典といったプログラムの導入。
  ③顧客満足度：顧客ニーズを把握し適切に対応することで、信頼関係を構築する。

- **メンバーシップ制度（会員組織）の手法**
  ①ファンクラブ型既存顧客組織
  　製品やサービスを通じたライフスタイル、製品やサービスの利用方法等の共有による組織。ブランドイメージを強化する、顧客共通の価値観を醸成し、ヘビーユーザーを育成する。
  ②コミュニティ型既存顧客組織
  　同じ製品、同じサービスの利用者同士で、コミュニケーションすることを目的とした組織。
  ③購入システム型既存顧客組織
  　定期的に配送される、製品やサービスを購入可能なシステムに参加できる組織。一定額の会費を徴収することもある。
  ④見込み客組織
  　展示会来場者やWebサイト訪問者等に、製品やサービスの情報や体験を提供し、購買機会を創出する。

デジタル時代のメンバーシップ制度（会員組織）

　インターネットの普及によって、メンバーシップ制度（会員組織）の運営がデジタル化され、かつて多大な労力を要した会員組織の

立ち上げや維持管理が容易になりました。定期的な機関誌がメールマガジンになったことで印刷費や郵送費が不要になり、コストが驚くほど減少し、ネットを介することで会員とのコミュニケーションが緊密になります。さらにインターネットの即時性は、タイムリーな情報提供と素早いユーザーレスポンスを実現したため、会員のニーズを把握しクイックに対応することが可能になりました。一方で、メンバーシップ制度（会員組織）にとらわれたくない、緩やかな集まりを希望する消費者の、自発的なコミュニケーションが行われるコミュニティも登場しました。これを次に紹介、解説しましょう。

10-5. コミュニティ運営

　共通の関心分野や価値観、目的を持った利用者がネット上に集まり、情報の共有や発信、利用者同士の話し合いを行う場をインターネットコミュニティと呼びます。インターネットの特性である匿名性や参加脱退の気軽さから参入者が増え、企業が販促手法の一つとして自社Webサイトに掲示板やチャットを開設するなどし、コミュニティを消費者に提供するようになりました。メンバーシップ制度（会員組織）に比べ緩やかなまとまりで、そこで行われるコミュニケーションは、より消費者自身の自主性に委ねられます。この点で、特に「共有／拡散」のステージで大きな効果を発揮します。

● どんな製品・サービスに向いているか
　様々な製品やサービスに利用されます。

● 強み
　①Webサイトのサポート。(アクセス数の増加、コンテンツの補強等)
　②製品やサービスに対するロイヤルティの向上。

● 弱み
　①企業側からコントロールしにくい面がある。
　②サイレントマジョリティ(モノ言わぬ多数の消費者)の意見が吸い上げにくい。

● 留意点
　①見込み客管理：Webサイト訪問者、コミュニティ参加者を顧客化する仕掛け、仕組みの必要性。
　②データ収集分析：コミュニティ参加者のデータを把握し、顧客と非顧客のデータ特性を分析する。
　③提供する機能：コミュニティのテーマと目的に基づいて、共有フォルダー、キーワード検索、過去ログといった仕組みを用意する。
　④顧客ニーズ：コミュニティで語られている内容から、顧客ニーズを把握する。(早期対応)

● コミュニティ運営の手法
　①情報収集型コミュニティ
　　Q＆A、問い合わせ、情報交換や評価、問題解決、相互扶助が目的のコンテンツ。
　②社交型コミュニティ
　　コミュニケーション中心、ユーザー同士の交流が目的で、ファンクラブ的なコンテンツ。
　③創造型コミュニティ
　　新製品、新アイデアといった価値の創造を目的とした、より参

加型なコンテンツ。

デジタル時代のコミュニティ運営

　デジタル時代が進行するうちに、ソーシャルメディアの活用、連動性が一層重要になり、ソーシャルメディア上にコミュニティを開設し運用していくことが一般的になりました。たとえば、製品やサービスを購入した顧客にサポート情報を提供し、企業のfacebookページに誘導します。そこから継続的なコミュニケーションを図り、顧客のファン化やロイヤルユーザー化を促しますが、その一連の過程が、「顧客体験」としてそのままfacebookで拡散されていきます。Twitterに開設したアカウントを通じて、製品やサービスに対するつぶやきをモニタリングし、問題のあるつぶやきや質問が寄せられた場合には、Twitterアカウントから回答や対応策・関連情報を案内します。そうすることでユーザーと一対一の関係を装いながらも、ネットに広がる無数の潜在顧客に対して「顧客体験」を提供することになります。オウンドメディア（自社Webサイト）のコミュニティとの違いは、この顧客体験という非常に強い購買影響力が、顧客体験者のネットワークにリアルタイムで共有されていくことです。

10-6. サービス制度

　製品やサービスの購入者や見込み客に対して、購入の動機付けとして特典やサービスを用意する販促手法をサービス制度と呼びます。購買を後押しすることから「購買」のステージで効果的な手法で、一定期間内の購入、一定量以上の購入、特定条件を満たしたら購入といった、限定された取引において実施されることが主な制度です。これらの購買条件を満たした顧客へ「謝礼」の意味合いと、顧客満足度を高める特典やサービスの提供であることから、「顧客化」のステージで最も大きな効果を発揮します。

● どんな製品・サービスに向いているか
　様々な製品やサービスに利用されます。

● 強み
　①具体的な特典やサービスであり、購入後の利用機会をイメージさせやすい。
　②顧客との関係形成に機能し、製品やサービスに対するロイヤルティを向上。

● 弱み
　①提供する特典やサービス、提供される購入条件が説明的で、簡潔に伝わりにくい。
　②購入者の期待と、実際の特典やサービスにギャップが生じることがある。

● 留意点
　①品質管理：特典やサービスの品質が顧客満足度に直結する。
　②特典やサービスの開発：製品やサービスに関連性があり、顧客満足につながる特典やサービスを開発する。
　③提供条件：優良顧客化を見据えた条件の設定。

● サービス制度の手法
　①紹介制度
　　既存顧客から知人や友人などを紹介してもらい、新規顧客となれば双方に特典やサービスを提供する。既存顧客のロイヤルティの高さと、紹介実施率は比例するとは限らない。
　②下取り制度
　　顧客や見込み客の所有している品物を引き取り、新しい製品に買い替えてもらう。自動車販売が代表的ですが、様々な製品で実施され購入の口実になるとともに、顧客との信頼関係醸成に寄与。
　③保証制度
　　製品やサービス購入時において、一定期間その製品やサービスの機能・効果を保証する。返金・返品、修理や修繕といった保証のほか、あらかじめ下取り金額を保証するものや、一定期間内であれば元値での買戻しを保証するものもある。
　④支払便宜制度
　　特別金利ローン、分割支払いといった購入費用の支払いに便宜を図る。
　⑤メンテナンス制度
　　定期点検、一定期間内の修理修繕、機能のアップグレード、専用相談窓口等を提供する。
　⑥付帯サービス制度
　　名入れ（商品自体にイニシャルや名前を入れる）、ラッピング、

無料配送等の、様々なサービスを提供する。
⑦トレーニング制度
　　製品やサービスに関するより深い知識、利用方法等を継続して教えていくプログラム。
⑧レンタル制度
　　比較的高額な製品を一定期間貸与するプログラム。たとえばコーヒーメーカーをレンタルすることで、専用のコーヒー豆の販売を促進させながら、そのブランドの試用体験もつくることができます。

デジタル時代のサービス制度

　デジタル時代に入って、サービス制度はＣＲＭ（Customer Relationship Management：顧客関係性管理）における、継続的な顧客とのコミュニケーションを維持発展させるためのアプローチとしても運用されるようになりました。メンテナンス制度をキッカケにして既存顧客とのコミュニケーションを継続させ、下取り制度を使って製品の買い替えを促し、紹介制度によって新規顧客の紹介を受け、紹介された新規顧客には、付帯サービス制度による特製「名前入り」製品が供給される。そしてこの一連のプロセスによって、顧客を優良顧客に導いていきます。インターネットを介すことで、顧客との双方向コミュニケーションが可能となり、すべてのプロセスをデータで管理できるようになったことが背景にあることはいうまでもありません。さらにデジタル時代が進むと顧客との一対一の関係性が変容し、既存優良顧客重視のサービス制度から、ソーシャルメディアを介した新規潜在顧客を視野に入れたサービス制度に変容していきます。たとえば、何人かがまとまって共同購入をすると特典やサービスが適用される場合、これまでは友人や家族に声をかけて一

緒に購入をしましたが、共同購入型クーポン同様、ソーシャルメディアで広く共同購入を呼びかけることが一般的になっていきます

10-7. ソーシャルメディアのBUYボタン

　販促手法の最後に、様々なソーシャルメディアに「BUYボタン」が実装されることについて解説します。「BUYボタン」とは、ソーシャルメディアに投稿された記事に「いいね」を押すように、投稿された記事で紹介された製品やサービスを、クリック一つで「購入(BUY)」できるツールです。ソーシャルメディアは製品やサービスに関する「クチコミ」を発生させ、それを急速に拡散させる点で、販売促進のツールとして注目されてきました。これまではキャンペーンやタイムセールの告知など、ファン(フォロワー)限定のプロモーションでの使い方が一般的でしたが、「BUYボタン」が実装されるとソーシャルメディアはeコマース化し、製品やサービスに対する他者の評価が直接的に購買を引き起こすことになります。

　従来のeコマースにおいても、オンラインショップのほとんどが購入者のレビューやユーザー評価を掲出し、購買に少なからず影響を与えています。この評価は、「誰か知らない、購入経験を持っている人」の評価です。それに対してソーシャルメディアでの評価は、自分の趣味嗜好に近い人や信頼できる友人知人のネットワークが根底にあるので、「根拠のあるおススメ」「価値観が共有されているうえでのおススメ」になり、本人にとってより信頼度の高い評価に基づいた購買になります。また、従来型のeコマースは、能動的に欲しい製品やサービスを検索することが出発点でした。一方ソーシャ

ルメディアでは、コミュニケーションの中で思いがけず自分の知らなかったアイテムが目に留まることがあり、それを気に入ればすぐに購買できます。もちろん信頼できる人の評価がともなっている安心感が存在することは、言うまでもありません。

　ある消費者がカスタマージャーニー全体から得られた購買体験を、ソーシャルメディアを通じて、コミュニケーションする。つまり情報を「共有/拡散」することが、「BUYボタン」によって、次の「購買」を直接的に誘発していくことになります。デジタル時代は、カスタマージャーニーそれぞれのステップで適切な販促手法を用いて、消費者に購買体験を提供することが一層重要になってきます。

10-8. 第10章のまとめ

- **ダイレクトメール（DM）**
  - ダイレクトで効率の良いアプローチで、顧客との関係性を深め、信頼感や満足感を醸成する。

- **ポイントプログラム**
  - 確実に顧客との関係形成を図り、顧客データベースを構築する。

- **メンバーシップ制度（会員組織）**
  - 確実に顧客との関係形成を図り、ファン、推奨者を育成する。

- **コミュニティ運営**
  - 企業側からコントロールしにくい面もあるが、製品やサービスに対するロイヤリティ向上に寄与。

- **サービス制度**
  - 顧客との関係形成に機能し、製品やサービスに対するロイヤリティ向上に寄与。

- **ソーシャルメディアのBUYボタン**
  - ソーシャルメディアのeコマース化は、ネットワーク化された消費者の購買をリードする可能性がある。

<了>

第 11 章

販売促進に
ともなう制作物

執筆：電通ヤング・アンド・ルビカム
　　　ショッパー・マーケティング室 室長
　　　藤枝テッド和己

11-1. 販売促進のメディアとツール

　販売促進の実行計画では、目的と戦略に基づいて販促手法を選択するとともに、効果的で効率のよいメディアとツールを選定し組み合わせて使用することが重要になってきます。この章では、販売促進を実行するうえで必要となる、メディアやツールについて説明します。

　販売促進で使用する多種多様なメディアとツールは、その制作手法や機能から大きく下記の8つに分類されます。

1．グラフィック系販促ツール：リーフレットやポスターなど。
2．編集系販促ツール：カタログやマニュアルなど。
3．購買時点ツール：店頭POPやディスプレイなど。
4．映像系販促ツール：ビデオやDVDなど。
5．イベント及びイベント関連ツール：各種イベント、イベント会場装飾など。
6．デジタル系販促ツール：Webサイト、ブログ、アプリなど。
7．プレミアム／ノベルティ：プレミアムアイテムやギフト商品。
8．SPメディア：交通広告や屋外広告。

> **第11章のポイント**
> ☐ 様々な販促手法を実施する際に、使われる制作物の種類と特性を押さえる。
> ☐ 制作物それぞれの表現ポイント、制作プロセス、制作の注意事項を理解する。

11-2. グラフィック系販促ツール

　グラフィック系販促ツールは、一枚もしくはページ数の少ない印刷物を指します。ポスター、チラシ、リーフレットといった最も基本的かつ伝統的な販促ツールで、印刷技術が高度化した現在は、短期間・低予算でも高品質に仕上がります。

● 使用目的
　①製品やサービスに対する興味喚起。
　②製品やサービスの詳細情報を伝達。

● 表現ポイント
　①訴求ポイントを絞り込み、簡潔でインパクトのある表現が重要
　　・アイキャッチ（最初に目を引くビジュアル）。
　　・明快なコピーライン。
　②共感を呼び起こす工夫
　　・シズル感（五感を刺激する感覚）のあるビジュアル。
　　・人に呼びかけるような言葉遣い。

・楽しさや新しさの演出。
　③詳細情報の伝達には、伝える情報の整理と優先順位付けが必須
　　　・細かい文字や、書き過ぎを避ける。
　　　・伝達内容（魅力、特徴、優位性等）を読みやすく構成する。

● **制作プロセス**
　①仕様の決定：サイズ、印刷用紙、印刷方法、加工方法。
　②伝えるべき内容：このツールを見た消費者に期待される態度変容から考える。
　③キービジュアルとキャッチコピーの選定：伝えるメッセージと、期待される態度変容に適うもの。
　④予算とスケジュール：制作数量の設定、使用するビジュアル（撮影か既存のものか）など。
　⑤カンプ作成：デザイン作業を経て、最終の仕上がり状態（カンプ）をグラフィックで確認。
　⑥ＤＴＰデータ（印刷入稿原稿）の作成と入稿。
　⑦色校正と校了：試し刷り（色校正）を確認し、色の再現をチェック。
　⑧印刷、加工、納品

● **制作にあたっての注意事項**
　①デザイン管理
　　　製品やサービス、ブランドの持つイメージを視覚的に伝えるデザイン性が求められる。色調や書体の統一感や、ロゴの使用方法、レイアウトのパターン等を管理する。
　②記述内容の適正
　　　表現（差別表現や最上級表現、効果効能、薬機法等の制限）

が適切であるか、記述内容は事実であるか、著作権や肖像権に抵触していないかのチェックが必要である。
③スケジュール管理
単に印刷工程の管理だけでは不十分で、原稿修正や色再現、納品条件(梱包や納入)に合わせた作業の時間等をあらかじめ確保する。

11-3. 編集系販促ツール

編集系販促ツールは、数ページにわたって内容が編集された、製品やサービスに対する消費者の深い理解を促進する印刷物で、取り扱い説明書やマニュアルといった文字情報中心の情報伝達ツール、機関誌や会報誌といった雑誌感覚の読み物、カタログやパンフレットといった製品やサービスの特性、機能を詳細説明するツールがあります。

● 使用目的
①製品やサービスに対する理解促進。
②製品やサービスの詳細情報を伝達。
③ブランドイメージ、世界観の訴求と共感の醸成。
④販売店や営業マンに向けた場合は、一体感の醸成や行動指針の伝達。

● 表現ポイント
①コンテンツとしての面白さや話題性
　・最新情報や旬の話題の活用。

・読み物としての文章力。
　　・たとえマニュアルや取り扱い説明書でも、興味を惹かなければ読まれない。
　②わかりやすい内容説明の追求
　　・情報伝達の順序、流れるような構成。
　　・グラフ、イラスト等による図解。
　③興味を持った消費者に応える、情報提供
　　・Ｑ＆Ａ、索引、情報のランク（初心者向け、上級者向けといった格付けの提示）。
　④ビジュアルの効果的な活用は重要
　　・使用ビジュアルの役割の明確化。（イメージ伝達、詳細説明、興味喚起等）
　　・ブランド世界観の訴求。

● 制作プロセス
　①企画立案：企画趣旨、編集方針、台割（仮編成）、デザイン方針。
　②仕様の決定：サイズ、印刷用紙、印刷方法、製本加工、装丁。
　③予算とスケジュール：部数、納期、制作方針（取材や撮影等）。
　④原稿制作とデザイン：撮影、取材、使用ビジュアル、文字原稿と推敲、デザインレイアウト。
　⑤ＤＴＰデータ（印刷入稿原稿）の作成。
　⑥校正、校閲
　⑦印刷、製本、加工、納品

● 制作にあたっての注意事項
　①デザイン管理
　　使用するビジュアル（写真やイラスト）に誤りがないか、ブランドイメージに適合した色調、文体であるか、誤植はないかといっ

た、刊行物同様の視点が求められる。
② 校閲
多くの原稿を扱うので、文章/記述の内容に誤りや不備、不適切表現等がないように、機能的にチェックするシステム（二重三重のチェック）が必要。また著作権や肖像権への配慮も怠らない。
③ 制作マネジメント
カメラマン、イラストレーターといった多種多数の専門職を統括し、取材、撮影といった制作過程を集中管理する制作管理体制が重要になる。
④ デジタルコンテンツとの差別化
携帯性、保存性、ビジュアルの美的再現性等、印刷物ならではの特長によって、デジタルコンテンツとの差別化を図る。

11-4. 購買時点ツール

　第9章で説明した購買時点ツールの、制作過程や表現制作について説明します。購買時点ツールは、買い物客を誘導し購買の理由を提示することで、最終的に製品やサービスを購入してもらう役割を担っているツールです。紙の平面印刷物のみならず、プラスチックや木材、金属を素材とした立体物、音や照明を使ったツールなど、多様なツールが開発されています。しかしこれらは、買い物客が目にしなければ効果を発揮することはできません。「どのような仕様、表現であれば買い物客の目に留まり、訴求内容が伝わるのか」を考えて制作する必要があります。

● 使用目的
買い物客を誘導し、購買の動機付けをする。

● 表現ポイント
①ツールごとに期待する機能を明確化
　・買い物客の足を止めさせる（ＳＴＯＰ機能）。
　・製品やサービスを知ってもらう（ＫＮＯＷ機能）。
　・ブランドへの愛着を感じてもらう（ＦＥＥＬ機能）。
　・最終の購買を後押しする（ＢＵＹ機能）。
②設置場所の特性に合わせて表現（第9章参照）
　・エントランスエリア。
　・ナビゲーション（案内誘導）。
　・催事エリア。
　・販売シェルフ。
③2秒のコミュニケーション（人間の脳が、購買決定に要する時間は2秒）
　・2秒で人間が情報処理できる（理解できる）文字量は、10文字程度。ビジュアルは三つまで。
　・2秒で人間が情報処理できる視野範囲に、情報を収める。買い物客とツール間の1/10以内、たとえば距離が1mなら10cmの範囲内。
④新しさの付加
　・常に一つ以上の新しいアイデアを盛り込み、買い物客の目をひく。
　・素材、設置方法、付加機能（音や香り、インタラクティブ性等）。
⑤製品パッケージとの相乗効果
　・製品の周辺に設置されるツールは、パッケージとの組み合わせを意識。

● 制作プロセス
　①制作アイテムの決定：持たせる機能と設置場所から選定。
　②表現テーマ：どんな状態の買い物客（第9章参照）に、なにを語り掛けるか。（メッセージング）
　③仕様の決定：素材、サイズ、設置方法、印刷加工方法、付加機能。
　④予算とスケジュール：制作数量の設定、使用するビジュアル（撮影か既存のものか）など。
　⑤原稿制作とデザイン：使用ビジュアル、コピーワーク、デザインレイアウト。
　⑥設計と試作：形状、構造、図面制作、モックアップ（実物大の模型）、梱包形態。
　⑦生産、納品

● 制作にあたっての注意事項
　①工程管理
　　多くのツールは定型的な量産物ではなく、「手加工」を含む多数の加工工程を経て制作されるので、工数（加工に必要な作業の数）によって生産性や効率性が変化し、スケジュールや見積金額に影響を与える。よって仕様決定の段階から十分に考慮され、管理されなければならない。
　②デジタル技術の活用
　　買い物客の所持するスマートフォンとの連携によって、個々に対応した情報発信が可能になる。単に目新しさを追求するのではなく、どのように購買意欲を刺激できるか、どのように個々の買い物客に対応できるかの視点を持ち、デジタル技術を活用する。

③現場視点

持ち運びのしやすさや、設置、撤去の容易さといった、現場視点を持つことがツールの店内設置率を高め、買い物客の視線を多く獲得することができる。

11-5. 映像系販促ツール

　DVD・ブルーレイ・SDカードといったパッケージに記録、もしくは放送やインターネットなどで放映・配信された販売促進目的の映像コンテンツを、映像系販促ツールと呼びます。動画により視覚と聴覚に訴求することで、強い印象付けと多くの情報伝達を可能にするパワフルな販促ツールです。かつてはテレビを通して放送番組やビデオを見る以外に、「動画」に触れる機会はほとんどありませんでした。しかしデジタル時代が進行し、PCやスマートフォンで動画を見ることが当たり前になり、消費者が動画に接触する機会は飛躍的に増えました。デジタル時代の消費者にとって「動画」が当たり前の存在になっているだけに、気に入った「動画」や必要を感じる「動画」以外は見ようともしません。映像系販促ツールはいかに視聴機会をつくり、見る側の気持ちや状態にフィットした動画を制作できるかが重要になってきます。デジタル技術の進歩は、映像を立体的に再現し、一層の臨場感をともなう疑似体験を可能にします。ヘッドマウントディスプレイがそれを装着したユーザーの動きを感知し、「3Dコンピューターグラフィックと実写映像を組み合わせた立体映像空間をユーザーが自由に歩き回れる」装置も開発されており、すでに販売促進に活用されている例もあります。

● 使用目的
　①製品やサービスに対する興味喚起。
　②製品やサービスの詳細情報を伝達。
　③製品やサービスに対するイメージ訴求と共感の醸成。

● 表現ポイント
　①視聴機会に合わせた構成と、映像表現
　　・インストア用：長い時間足を止め映像を見入ることはないので、必要事項を簡潔に伝達する。
　　・インホーム用：ＤＶＤなどのパッケージにする場合は、じっくり見てもらうことを前提にする。
　　・イベント用：空間演出の視点からイメージを重視する反面、十分な説明、解説を収録する。
　　・インナー用：教育素材、企業の方針伝達。わかりやすく、しっかり伝える。
　　・街頭サイネージ用：イメージ訴求と興味喚起。テレビＣＭとの相乗効果を狙う。
　　・Web用：イメージよりも、注意を引きつけ話題になることを狙う。テンポよく展開する。
　②多様な要素を活用
　　・映像、ナレーション、効果音、音楽、出演者、コンピューターグラフィック、図表といった映像表現の多様な要素を組み合わせて構成し、視聴者の興味を引き続ける。
　③明快な台本
　　・明確な伝えるべきメッセージ。
　　・「伝えるべきメッセージを、どのように伝えるか」のストーリーと演出。
　　・表現方針（コンセプト）に沿った構成。

・視聴機会に合わせた、適切な収録時間。

● 制作プロセス
　①制作目的と視聴機会の確認：販促企画全体の中での役割を明確化。
　②表現方針（コンセプト）の設定：映像表現や演出の基本方針。
　③構成案：ストーリーの流れとメッセージ伝達。
　④制作プラン：台本、撮影案（スタッフや場所）、出演者等の検討。
　⑤台本作成
　⑥制作手配：機材、スタッフ、ＣＧ、製作費、スケジュール等の決定。
　⑦撮影
　⑧編集、録音、ＭＡ（マルチオーディオ作業：すべての音源を取りまとめる）
　⑨試写、納品

● 制作にあたっての注意事項
　①権利関係法規
　　映像制作には著作権、肖像権、商標権、パブリシティ権といった多様な権利関係が絡んでくる。出演者、使用楽曲、脚本原作等、権利関係に留意しなければならない。
　②規格と仕様
　　収録、再生のフォーマットには、世界で数種の規格が存在する。また制作する画像の仕様も、画面サイズ、アスペクト比、解像度、画素数によって差異が生じるのでチェックする必要がある。
　③制作マネジメント
　　企画段階、映像制作段階、編集段階とプロセスごとに多様な専門職が関与するため、これらスタッフを統括し、スケジュール

と費用を集中して管理する体制が必要になる。

11-6. イベント及びイベント関連ツール

　第9章で説明したイベントの制作過程や表現制作について説明します。イベントは消費者に直接的に製品やサービス、ブランドの世界観を「体験させる」ツールです。消費者に与えるインパクトも大きく、「どのような方法で、どんな体験を提供するのか」について明確な目標と綿密な企画、そして緻密な実施運営が求められます。イベントには「参加できる人数が限られる」短所がありましたが、デジタル技術とデジタルコンテンツの拡充で、物理的現実世界では体験することが困難であったり、体験人数に制限があったりすることも疑似体験ができるようになりました。

●使用目的
　①製品やサービス、ブランド世界観の体験、体感。
　②製品やサービス、ブランド世界観に対する共感の醸成。

●表現ポイント
　①五感に訴えるプレゼンテーション、デモンストレーション
　　・映像、実演、装飾といった視覚的表現を中心に、音響（聴覚）、触覚、味覚、嗅覚に訴える方法、アイデアを盛り込む。
　　・イベント参加者を関与させるプログラム。
　②消費者の共感を獲得
　　・イベント参加者との一体感を演出。
　　・印象的で感動を呼び起こすストーリー。

    ・参加者に具体的なメリットを与える。
③ネーミング
    ・イベントタイトルで、ワクワク感、ドキドキ感、新しさ、インパクトを表現し、期待感を煽る。
④話題の波及
    ・話題性のあるプログラム（タレントの出演や地域の人気レストランの出店など）。
    ・パブリシティ（報道）対策。

●制作プロセス
①基本構想：目的の明確化、実施エリアの動向把握、コンセプト。
②実施計画：開催時期、期間、規模、ターゲット、会場などの決定。
③コンテンツと表現計画：訴求ポイント、訴求方法、コンテンツ、プログラムの決定、権利関係。
④協賛後援：タイアップスポンサーや協力メディア。
⑤実施準備：出演者や会場との契約、展示制作物のデザインと制作、映像コンテンツ。
⑥進行台本：プレゼンテーションやデモンストレーションの内容、ストーリー化。
⑦スタッフィング：運営マニュアル、スタッフ決定、トレーニング。
⑧コンテンツ制作とセッティング：舞台、音響照明、装飾美術、演出、パフォーマンス。
⑨会場設営：各種届出、搬入設営、セッティング、リハーサル。
⑩会場運営：運営全般、報道対策等。
⑪撤去

● **制作にあたっての注意事項**
　①権利関係法規
　　映像制作には著作権、肖像権、商標権、パブリシティ権といった多様な権利関係が絡んでくる。出演者、使用楽曲、脚本原作等、権利関係に留意しなければならない。
　②各種届出
　　道路使用許可（警察署）、火災防止条例（消防）、飲食営業許可（保健所）、警備業法（施設警備や交通誘導）、建設業法（電気工事等）、産廃処理。
　③実施運営事務局
　　事前準備、設営撤去、当日の運営と多岐にわたる業務とスタッフを統括し、全体の進行を管理する。
　④イベント関連ツール
　　イベントのコンセプトに基づいた会場装飾や映像コンテンツ。イベント会場の雰囲気を構成し、プレゼンテーションの良し悪しを決める。
　⑤リスクマネジメント
　　不特定多数の来場者を対象にするため、万が一事故が起きた場合にそなえて想定できるリスクに対して、綿密な対策を講じる。また、スタッフの労災保険をはじめとした火災保険、興行中止保険、賠償責任保険等に加入し、組織的にリスク管理を行う。

11-7. デジタル系販促ツール

　企業サイトやブランドサイト、キャンペーンサイトを含むWebサイト、デジタルカタログ、ユーザー目線でメッセージを発信するオフィシャルブログ、個人ユーザー同様にSNSにアカウントを持つオフィシャルアカウント、スマートフォンで各種サービスを提供するアプリといった販促ツールを、デジタル系販促ツールと呼びます。デジタル系販促ツールの特徴は、即時性と双方向性が確保されている点で、企業側の情報提供が一方的であると消費者の支持を得られず、逆に製品やサービスからの離反を招くこともあります。

●使用目的
　①製品やサービスに関する広範な情報提供。
　②消費者とのコミュニケーションと反応計測。

●表現ポイント
　①ターゲット消費者の興味の獲得
　　・ターゲットの興味や関心に密着した情報発信。
　　・興味を惹き続けることによる行動誘導。（クリックさせるなど）
　②ユーザー目線の確保
　　・ユーザーと同じ目線での、コミュニケーションが重要。
　　・広告然としたアプローチは逆効果。
　③わかりやすさ
　　・直観的で、ページ全体を理解するのに時間がかからない表現と構成。
　　・適切な見出しやアイキャッチ。

④ユーザーインターフェイス
・スマートフォンやタブレット端末を考慮した、タッチパネル対応（小さい文字は避けるなど）。
・複数のOSへの対応。

● **制作プロセス**
①企画：コンセプトとコンテンツ。
②制作仕様：企画に基づいた情報構造（アーキテクツ）の設計、対応端末の確認。
③展開規模の設定：アクセスの見込みとサーバーの容量確保、予算とスケジュール。
④プロトタイプの作成：ロゴ、アイコン、レイアウトといったデザイン要素の確定。
⑤ユーザビリティテストとページ制作
⑥校正と端末チェック

● **制作にあたっての注意事項**
①個人情報保護
　個人情報を取り扱う場合は、プライバシーマーク取得のルールに従って、正確に運用する。個人情報の流出は、大きな社会問題になる。
②顧客データベース化
　Webサイトやブログにアクセスしてきた消費者を、製品やサービスに対する興味の度合いで分類してデータベース化し、それぞれの分類別に次のアクションを起こさせるようにする。

11-8. プレミアム/ノベルティ

　オープン懸賞（第8章）、クローズド懸賞と総付けプレミアム（ともに第9章）を成功に導く大きな要因は、プレミアム（景品）が魅力的であるかどうかです。話題性やインパクトとともに、対象となる製品やサービスとの関係性や、ブランドの世界観を提示できるコンセプト性が重要です。企業活動の様々なシーンで無償配布される物品をノベルティ（記念品）と呼び、プレミアムとは区別しています。企業名やブランド名の入ったボールペン、カレンダー等の実用的な小物が多く、消費者に企業やブランドを身近に感じてもらう役割を担います。現在では、多種多様なデジタルコンテンツも、プレミアム/ノベルティに活用されています。

●使用目的
　①製品やサービスの購入、キャンペーンへの参加（応募）に対する返礼、特典提供。
　②製品やサービス、ブランドイメージの訴求。
　③企業やブランドに対する親近感醸成。

●表現ポイント
　①ブランド価値の集約、象徴化
　　・ブランド世界観との適合性。（デザイン面、機能面、景品自体）
　②消費者の興味の獲得
　　・コンテンツとしての面白さや話題性。
　　・最新情報や旬の話題の活用。
　③オリジナリティと希少性

・通常では入手できない。
　　・プレミアムの原義は「特別な価値」、ノベルティの原義は「珍しいモノ」。
　　・コレクション性。

● 制作プロセス
　①企画：プレミアム/ノベルティの内容、使用する販促手法。
　②制作仕様：設計、サイズ、機能、加工方法、梱包形態、生産量、スケジュールなど。
　③見積確定：品質、スケジュールに基づいた金額確定。
　④デザイン：ブランドコンセプトとの整合性。
　⑤試作：試作品によるデザイン再現性や機能、品質のチェック、告知用写真撮影。
　⑥量産：生産管理（不良品検品等）。
　⑦納品

● 制作にあたっての注意事項
　①生産管理体制
　　オリジナリティあるプレミアムであればあるほど、生産側も初めて製作することになるので、製造上のトラブルが起きやすい。事前の生産スケジュールに従って、トラブルは細かく把握対処する。
　②品質保証
　　使用方法や素材の安全性への配慮と、配送中の破損への対応、アフターサービス等を準備する。
　③総合的なスケジュール管理
　　プレミアム/ノベルティの生産スケジュールだけではなく、同時進行している販促手法（総付けプレミアムや懸賞）との総合

的なスケジュール調整が必要。

11-9. SPメディア

　マスメディア（テレビ、新聞、ラジオ、雑誌）とネット系プロモーションメディア以外の、すべての広告媒体をSPメディアと呼び、主にターゲット消費者の生活圏内でのコンタクトポイントとして活用されます。

●SPメディアの種類
　①交通広告：鉄道（駅貼り、車内中吊り、ドアステッカーなど）、バス（車内ポスター、外装ラップなど）、タクシー（ステッカー、パンフレットボックスなど）、航空機（機内ビジョンなど）。
　②屋外広告：サイン、看板、リースボード、ネオンサイン、大型街頭ビジョンなど。
　③店舗型媒体：シネアド、デジタルサイネージ、店舗ポスターボード、店内サインなど。
　④施設媒体：スタジアム（フェンスやポスターボード）、多目的ホール、空港など。
　⑤新聞折り込み、ポストインなど
　⑥その他：飛行船、アドバルーン、アドトラックなど。

●使用目的
　①製品やサービスの認知拡大。
　②エリア限定マーケティング。
　③製品やサービスの購買誘因。

● 表現ポイント
　① インパクト
　　・ほとんどのSPメディアに対する注目はほんの一瞬なので、瞬間的に消費者の視線を獲得し、メッセージを伝達する必要から、インパクトがありシンプルに内容を伝えられることが大切。
　　・トレインジャック（電車の車内のすべての広告スペースを買い切り、当該ブランド一色にする）やラッピングバス（バスの外装すべてをラップしたように広告で使う）といったメディアの使い方で、インパクトを演出することもできる。
　② リーセンシー効果（購買直前の消費者に接触できる特質）
　　・抽象的な表現ではなく、より直接的で誘導的な表現で購買刺激につなげる。
　③ エリア特性
　　・各々の掲出エリアの特性を反映した、カスタマイズした表現で興味や共感を獲得。
　　・ブランドイメージに合致した街やスポットでの出稿で、ブランドイメージを増幅。

● 制作プロセス
　① 目的とターゲットの確認
　　・ディストリビューション：SPメディアの設置数や配布数。
　　・カバレッジ：SPメディアの有効範囲、エリア。
　　・サーキュレーション：SP媒体の視認者数。
　② 表現開発：広告クリエイティブ。
　③ 付帯展開アイデア：サンプリング、イベントといった同時に実施するメディアミックス。
　④ メディア買付

⑤原稿制作、掲出用広告制作
⑥掲出、掲出確認

●制作にあたっての注意事項
　①デザイン管理
　　屋外広告のほとんどは大型印刷物であり、その他のＳＰメディアでも使用素材が決まっていることが多いので、デザインの印刷再現性製品には注意を払う。
　②考査
　　出稿に当たってメディア側の基準に適合しているか、広告規制に反した表現は無いかといった、メディア側の審査判断（考査）がある。表現（差別表現や最上級表現、効果効能、薬機法等の制限）が適切であるか、記述内容は事実であるか、著作権や肖像権に抵触していないかといったチェックが必要である。

11-10. 第11章のまとめ

●良いグラフィック系販促ツール
・伝えたいメッセージが、コピーやビジュアルで即時に伝達されている。

●良い編集系販促ツール
・デジタル系ツールや映像系ツールにはない、活字読み物としての特徴を活かしている。

●良い購買時点ツール

- 設置される場所にいる買い物客の状態に、最適な表現で語りかけている。

● 良い映像系販促ツール
- 各々の視聴機会の特性を考慮したコンテンツの構成、長さ、内容になっている。

● 良いイベント及びイベント関連ツール
- 五感に訴え、参加者の共感を呼び起こす仕掛け、仕組みを持っている。

● 良いデジタル系販促ツール
- 直観的で、ページ全体を理解するのに時間がかからないわかりやすさ。

● 良いプレミアム／ノベルティ
- ブランドの世界観を強めるとともに、消費者が手にしたい話題性や希少性を持っている。

● 良いSPメディア
- 目的が明確で、インパクトをもってターゲットに訴求できている。

<了>

第 12 章

セールス
プロモーション
における法務

執筆：博報堂プロダクツ 総務・コンプライアンス室
　　　総務部法務チーム マネジメントプランナー
　　　小川貴之

12-1. セールスプロモーションの法務とは

　インターネットの発達に端を発し、広告物・SPツールが相対する時代は、著しく変化しています。いわゆる4マス媒体を中心とした広告手法に加え、デジタル領域の拡大を通じ、媒体・手法がクロスメディア化するようになり、セールスプロモーション手法の領域・種類も拡大しました。これにともないSP担当者が理解すべき法務的観点でのリスクについても、その幅が広まったと考えられます。

　また、コンプライアンスが強く謳われ、各企業は本来の意味である法令遵守に加え、企業倫理も強く求められています。これは、広告主内における組織統制のみならず、広告主の対外的なブランディングツールとなる広告物・SPツールについても、同様のことが求められているといえます。そして、なにより『制作した広告物・SPツールにより、広告主の信用・名声を失墜させない』ことは広告会社や制作会社に求められるコンプライアンスの一つです。

　主に上記二点の理由から、SPの企画・立案時には、広告物・SPツールに生じる権利やルール・配慮についてより厳格に理解・チェックする必要が生じています。本章では、基本的な広告法務知識とSPに関する留意点に触れることで、皆様のリスク回避への一助となればと考えております。

> **第12章のポイント**
> ☐ 消費者に対する視点、権利者に対する視点、業界ルールに対する視点の三つを意識することが大切。
> ☐ SP担当者として著作権、商標権、肖像権、景品表示法等のルールを理解することが重要。
> ☐ 思い込みや中途半端な理解は禁物。不安になったら必ず法務担当者や顧問弁護士にも相談すること。

12-2. SPの法務：三つの視点

　広告物・SPツールは、企業などによる消費者の購買誘引を目的とした「営利活動」であるため、主義・主張を表す純粋な芸術作品とはその性質が異なります。したがって、SPの企画・立案時は、以下三つの視点を常に意識し、それぞれのバランスを保ちながら制作に従事する必要があります。

①消費者に対する視点
　景品表示法、薬機法（医薬品、医薬部外品、化粧品、医療機器）、配慮（差別表現等）、個人情報保護法など。

②権利者に対する視点
　著作権、商標権、肖像権、産業財産権（特許、実用新案、意匠）など。

③業界ルールに対する視点
　各業界の公正競争規約・ガイドライン、民放連放送基準、デジタル領域での媒体考査、下請法、不正競争防止法など。

12-3. 最低限押さえるべき権利・法令

　このパートでは、SP担当者として最低限押さえるべき権利・法令のポイントを解説します。

①著作権

●著作権のポイント
　◇広告物・SPツールは、そのほとんどが著作物として著作権（勝手に使用・改変されない権利等）が発生する！
　◇制作した広告物・SPツールが、第三者の著作権を侵害しないようチェックが必要！

●著作権とは
　著作権は、『著作物』に対して発生する権利です。楽曲・イラスト・キャラクター・写真・レポート・動画・コンピュータープログラムなど、広告会社が制作するほぼすべての広告物・SPツールが著作物となり、それらに対して発生する権利が著作権になります。なお、著作物は著作権法で「思想又は感情を創作的に表現したものであって、文芸、学術、美術又は音楽の範囲に属するもの」という定義があるため、この定義に当てはまらない単なるデータ（例：富士山の標高は3,776m）や、単なる事実（例：日本国憲法は1947年5月3日施行）、

世界観・アイデア（例：主人公がタイムスリップするという設定自体）、工業製品（意匠権等で保護）等は著作物にはあたらず、著作権は発生しないと考えられています。

● **著作権は誰に発生するか**
　著作権は、著作物を創作した人（著作者といいます）に発生します。ただし、著作者が会社に所属しており、会社の職務として著作物を創作した場合は、職務著作という著作権法の規定に合致する範囲で、会社がその著作物の著作者と著作権者となります。

● **著作権とはなにか**
　一般に著作権という場合は、『財産権としての著作権』と『著作者人格権』の二つの権利を指します。財産権としての著作権は、著作者が著作権を貸したり・売ったりして、利益を上げることが可能です。このため、著作者が権利を売却した場合は、著作者と著作権者が異なるといったケースもあります。

● **著作者人格権とはなにか**
　著作者人格権は著作者に発生します。これは、①同一性保持権（著作物を勝手に改変されない権利）・②公表権（著作物を公表するかしないか決定できる権利）・③氏名表示権（著作物の公表時に、著作者名を表示するかなどを決定できる権利）からなる三つの権利で構成されます。また、著作者人格権は、著作者だけが持つ一身専属的な権利のため、財産権としての著作権のように貸したり・売ったりすることはできませんが、契約で「権利行使しない」と約束することは有効です。

● **著作権の活用方法**

　財産権としての著作権を他人に貸したり売ったりする実例を説明します。第三者の著作権を借りたり買ったりする場合も同様です。実務では特に『使用者が、著作物を編集加工可能か』という点を注視する必要があります。

● **著作権を貸す/借りる＝使用許諾・ライセンス**

　使用期間、使用方法（媒体・対象商品・独占使用権の有無）、使用許諾料等を規定して、著作物を使用できる条件を確認します。著作権は貸主である著作権者に残り、使用権を許諾することになるため、借主は著作権者及び著作者の再許諾がなければ、著作物を無断で編集・加工することはできません。

● **著作権を売る/買う＝著作権譲渡**

（a）**著作権譲渡＋著作者人格権の不行使**

　著作権をすべて譲渡することに加え、著作者だけが持つ著作者人格権を行使しない旨を書面等に残すことで、買主が著作物の編集・加工を自由に行うことが可能となります。ただし、「すべて譲渡」と記載した場合でも著作権法第27条・28条の権利も譲渡する旨を明記しない限り「二次的著作物」の権利（例：小説の日本語訳や映画化）は、著作権者に残りますので注意が必要です。

（b）**著作権譲渡のみ**

　（a）の場合とは異なり、著作者は著作者人格権の行使が可能なため、買主は著作者の許諾なく、著作物を無断で編集・加工することはできません。一方で、著作権自体は譲渡されているので、著作物を編集・加工しない形での使用媒体の単純追加等は、自由に行えます。

● **著作権の保護期間**
いつ著作権は発生するか:
　著作権は、国ごとに発生要件が決まっていますが、日本を含め殆どの国では、創作すると自動的に著作者へ発生します。
いつ著作権は消滅するか:
　著作権の存続期間は、国によって異なります。日本の場合は原則として、著作者の死後50年で消滅します。この期間を経過した後は、パブリック・ドメインとして、誰でも自由に著作物を使用することが可能となります。

　なお、職務著作の場合は公表から50年、映画の著作権は公表から70年でパブリック・ドメインとなります。また海外においては、第二次大戦中の、連合国(米国・英国・仏国等)国民の著作権保護期間を延長する戦時加算という制度があるため、日本国以外の著作物の使用には、注意が必要な場合もあります。

● **著作権侵害とならないように**
　著作権の観点から最もケアすべきは、第三者の著作権を侵害することのないよう配慮する点です。特に、インターネットの発達で、インターネットユーザーによる類似表現の検索・拡散が非常に容易になり、SP担当者はより一層の注意を払う必要性が生じました。

　著作権侵害は、①依拠性(元ネタを参考にしたこと)②類似性(完成物が元ネタと似ていること)の双方の要件を満たすと成立します。したがって、元ネタの無い偶然の一致は著作権侵害とはなりませんが、制作のプロとして①の要素に当てはまらないことの立証は極めて困難であるため、実務としては②への該当性を重点的に判断することになります。第三者の著作権侵害をしないよう、複数人の目で検証

することや、元ネタの有無・制作経緯等を精緻に確認し、オリジナリティのある広告物・SPツールを制作しましょう。

②商標権

●商標権のポイント
◇商品名やブランド名はもちろん、スローガン、キャッチフレーズやロゴマークの提案時には登録商標の確認が必要。
◇登録商標と同一のみならず類似する商標も、使用できない場合がある。
◇一般名称と勘違いされがちな登録商標の使用に注意。

●商標権とは
　商標権とは、文字（ネーミング等）や図形、立体形状（マーク等）や音（サウンドロゴ）、更には動き、ホログラム、色、位置を商標として特許庁に出願・登録し発生させる権利です。45類の大分類の中で、類似群コードとして小分類に細分化されており、権利は類似群コードごとの範囲で商品・サービス単位に発生します。
※類似群コード例：広告業＝35A01・自動車製品＝12A05・化粧品＝04C01

　登録された商標を登録商標と呼び、指定した類似群コード内で独占的に使用できる権利となります。よく見られるⓇマークは、米国の商標制度に基づくルールで日本のルールではありませんが、日本では登録商標以外のマークに登録商標と誤認させる表示を行うことを禁止しているため、登録されていない商標にⓇマークを付すことは商標法違反となります。

● **商標権の保護期間**
　登録商標の有効期間は、登録された日より10年間です。更新申請をすることで、10年単位で繰り返し更新され、半永久的に保有し続けることが可能です。

● **商標権侵害とならないように**
　商品名やブランド名はもちろん、スローガン・キャッチコピー・プレミアムグッズの名称やロゴマークと同一又は類似する商標を第三者が登録している場合があります。このため、コピーやロゴマーク等の提案を行う際には、提案物を使用する商品・サービスに該当する類似群コードで、第三者の登録商標と同一・類似でないかをチェックする作業が必要です。
チェック方法は、主に二つの方法があります。

（a）**同一商標の検索**：特許情報プラットフォーム『J-Plat Pat』での簡易的な検索（https://www.j-platpat.inpit.go.jp/web/all/top/BTmTopPage）（2017.2.1現在）

（b）**同一商標＋類似・ロゴマーク等の調査**：弁理士による商標調査

　（a）は、同一商標の有無を検索するには非常に有用なツールです。一方で、類否の判断や図形の調査は、専門家である弁理士の判断が必要となりますので、必要に応じて弁理士へ調査を依頼しましょう。

● **一般名称と思われがちな商標**
　日常で普通に使用されている印象がある用語（一般名称といいます）であっても、「宅急便」や「ポストイット」のように、実は商標登録されており一般名称ではないケースもあります。このため、一般名称

と考えている名称でも、本項の(a)に掲げるチェックを念のため行うようにしましょう。

③肖像権等

● **肖像権等のポイント**
　◇広告物・SPツールに承諾を得ていない一般人の方が写り込んでしまった場合は、肖像権侵害に当たる可能性があるため注意。
　◇広告物・SPツールで使用する小物について、配慮が必要な場合も。

● **肖像権とは**
　肖像権は、裁判所が示した判例の積み重ねにより、個人に対して認められることとなった権利で、肖像権法といった法律はありません。肖像権は、以下二つの側面を有していると考えられています。

(a) プライバシー権
　承諾なく容姿等を撮影されない権利を指し、広告制作では、CM・グラフィック等で判別可能なレベルで一般の方が写り込む場合に、配慮すべき権利となります。

(b) パブリシティ権
　タレントや有名人には、容姿等そのものにも経済的な価値（容姿等が商品の販売等を促進する顧客誘引力を有すること）があるため、これが使用される場合は対価の請求が可能な権利を指します。なお、似顔絵やそっくりさんもその対象になります。

● 肖像を利用する場合には
　広告物・SPツールに他人の肖像を使用する場合は、原則として本人の承諾が必要です。未成年者の場合は、実務として親権者、校則等の関係で通っている学校等の承諾を得ることが通例です。また、故人の方（特に海外の著名人）の肖像権は、日本国で法的に認められた判例はないものの、外国の法律や判例を根拠として権利を主張する肖像権管理団体が存在するケースがありますので、注意が必要です。

● モノのパブリシティ権
　肖像権におけるパブリシティ権と同様、モノ（建築物や工業製品、ペット等の動物）についても顧客誘引力を持つとされる『モノのパブリシティ権』という考え方があり、広告物・SPツールでこれらを使用する場合には対価を請求されるケースがあります。こちらは、法律や判例上の権利ではないものの、広告物・SPツールのメインビジュアルとして著名な建築物や工業製品等を使用する場合は、広告実務上の『配慮』として建築物の所有者や工業製品等のメーカーへの許諾の申し入れを検討することになります。また、建築物をネガティブに使用する場合（例：破壊する）や工業製品等を本来とは異なる使用方法（例：子供が真似ると事故が発生するような使用法）や、粗末に扱う表現で使用をすると、これらのメーカー等からクレームを受けるケースもありますので、注意が必要です。

④ 景品表示法等

● 景品・表示のポイント
　◇（表示規制）優良／有利に見せる表現には注意が必要。
　◇（景品規制）景品提供キャンペーンの企画・立案には景品規制

を確認。

◇広告主の業態により、公正競争規約や法律等に基づく基準が別途定められている場合も。

● **景品表示法とは**

景品表示法は、正式名称を「不当景品類及び不当表示防止法」といい、消費者に対する不利益防止の観点から、①表示規制（商品やサービスの品質・内容・条件等の不当な表示の禁止）及び②景品規制（過度な景品類の提供の禁止）を取り決めています。

● **表示規制**

表示規制では、主に以下二つの『不当表示』を禁止しています。

（a）優良誤認：商品・サービスの品質や内容について、著しく優良にみせることで消費者の誤認を招く表示。

（b）有利誤認：商品・サービスの価格やその他の取引条件について、著しく有利にみせることで消費者の誤認を招く表示。

● **不当表示となりやすい表現の類型**

以下の各項目に該当する表現を広告物・ＳＰツールで行う場合は、客観性と正確性等を保つことに十分留意して下さい。

（a）強調表示：『No.1』『日本一』『世界初』等の表現は、客観性（表示の内容が客観的な調査に基づくこと）及び正確性（調査結果を正確かつ適切に引用していること）の両方を満たさなければなりません。

（b）打ち消し表示：商品・サービスの利用条件や強調表示に制約や補足説明が必要な場合は、消費者に誤認を生じさせないよう、

見やすい表示で明確なただし書きを記載する必要があります。なお、ただし書きで対応できる範囲にも限界があり、ただし書きを追記すればすべて免責されるわけではありません。

（c）原産国表示：『国産』と称しながらも、商品に海外産のものが含まれている場合など、原産国で消費者に誤認を生じさせないような表現とする必要があります。

（d）二重価格表示：『通常価格2000円のところ、今なら特別価格1800円』のように、価格を比較して表示する場合（二重価格表示といいます）は、適切な価格表示を行う必要があります。適切な価格表示とは、『二重価格表示開始日から遡って8週間（当該商品が販売された期間が8週間未満の場合はその全期間）の2分の1以上の期間販売されていた価格であり、かつ通算2週間以上販売されており、その過去に売られた最後の日から2週間未満に表示が開始されるもの』を指します（図表12－①）。

（e）比較広告：ほかの事業者の商品・サービスより優良・有利であると比較表示する場合は、客観性、正確性、公正性（比較の方法が公正であること）のすべてを満たす必要があります。

（f）おとり広告：商品やサービスで実際には購入・利用できないのにもかかわらず、さも購入・利用できるような表示は行った場合は、おとり広告に該当する可能性があります。

● **景品規制**

基本的な景品規制の概要は、（図表12－②）のフローチャートを参考にして下さい。

二重価格表示の図解　　　　　　　　　　　　　　　　　　　　（図表12-①）

例）「通常価格2000円を、今なら特別価格1800円」と表示する場合

① 表示開始日から、**遡って過去8週間**の販売価格について検討します。

8週間前	7週間前	6週間前	5週間前	4週間前	3週間前	2週間前	1週間前	特別価格表示開始

② 8週のうち、2000円での販売期間が**2分の1以上**を占めることが条件です。

1950円	1950円	2000円	2000円	2000円	1950円	2000円	2000円	1800円

但し、2000円の販売期間が、2分の1以上であっても、
最後の日から2週間以上経過している場合は、表示できません。

2000円	2000円	2000円	2000円	2000円	1950円	1950円	1950円	1800円

③ 販売期間が8週間未満の場合、**その期間の2分の1以上の販売実績**があれば表示することができます。

				2000円	1950円	2000円	2000円	1800円

　　　　　　　　　　　　販売開始

但し、販売実績が2分の1以上であっても、
その期間の合計が2週間未満である場合は、表示できません。

						1950円	2000円	1800円

　　　　　　　　　　　　　　　　販売開始

出典：著者作成

景品に該当しない場合

（a）景品規制の例外として、以下の場合は、景品には該当せず、景品規制を考慮せずに実施することが可能です。
　（ⅰ）値引き：対価の減額・金銭の割戻し・キャッシュバック・同一商品の付加
　（ⅱ）アフターサービス：購入した商品の修理等のサービス
　（ⅲ）商品又は役務に附属する経済上の利益：宝くじの当選金
（b）例外の例外として、購入者に抽選で値引きを提供する場合・100％の値引き・値引きした金銭の使い道を制限するような値引きは、実質的な景品の提供となり、景品規制の対象としてクローズド懸賞/総付け景品それぞれのルールにしたがう必要があります。
（c）また、仕入価格を下回るほどの過度な値引きを継続的に行う

景品規制概要　　　　　　　　　　　　　　　　　　　　　　（図表12-②）

```
┌─────────────────────────────┐      ┌──────────────────┐
│ 取引に付随して景品を提供するか │ →no→ │   オープン懸賞    │
└─────────────────────────────┘      │  景品額の上限無し  │
              ↓ yes                   └──────────────────┘
┌─────────────────────────────────────┐
│ ・懸賞（抽選等）で景品提供を行う→①へ │
│ ・全員/先着順に景品提供を行う　→②へ  │
└─────────────────────────────────────┘
              ↓
┌─────────────────────────────┐
│ ①懸賞                         │
│ (a)クローズド懸賞              │
│ ■景品の合計額                  │
│ キャンペーン対象商品のキャンペーン期間中に │
│ おける売上予定総額の2%以内      │
│                              │
│ ■景品の上限額                  │
│ ・取引価額5000円未満           │
│ 　取引価額の20倍の金額（税込）まで│
│ ・取引価額5000円以上           │
│ 　10万円（税込）まで            │
└─────────────────────────────┘
              or
┌─────────────────────────────┐
│ (b)共同懸賞                    │
│ ■景品の合計額                  │
│ キャンペーン対象商品のキャンペーン期間中に │
│ おける売上予定総額の2%以内      │
│                              │
│ ■景品の上限額                  │
│ 取引価額にかかわらず30万円（税込）まで│
└─────────────────────────────┘
```

―取引に付随するとは？
　対象商品の購入を条件にすることや、購入した方が当選しやすい、来店を条件にする等、景品の提供を取引に付随させる（＝関連づける）ことを指します。

―取引価額とは？
　消費者が対象商品を購入する際や、対象サービスに加入する場合に実際に支払った金額（税込）を指します。購入を条件とせず、店舗への来店を条件とする場合は、『取引価額：100円』又は『当該店舗で販売されている商品の最低価額が100円を超える場合は、その最低価額』と考えます。

―景品価額とは？
　景品価額の判断基準については、『景品を購入しようとする場合に、通常いくらで購入できるか』を判断基準とします。市販されているものは、税込価格で判断します。また、非売品の場合については、『もし売るのであればいくらか』類似品の価格等を参考にして算出します。

―共同懸賞とは？
　市区町村等の一定の地域の小売業者・サービス業者等の相当多数が共同で実施する場合等に適用されます。

出典：著者作成

と、独占禁止法で規制される『不当廉売』に該当する可能性があるため、注意が必要です。

● いわゆる業界ルール等

　景品表示法とは別に業界ごとの自主基準として、消費者庁及び公正取引委員会から認定された公正競争規約があります。広告主の業態により、このルールにもしたがう必要がありますので、これら業界の広告制作を担当する場合は注意してください。なお、公正競争規約がある業界は、一般社団法人全国公正取引協議会連合会（http://www.jfftc.org/）で確認できます。（2017.2.1現在）

　また、法律により表示ルールや景品ルールが定められていたり、公正競争規約以外の自主規制を設定していたりする業界もありますので、以下のルールを必ず参照して下さい。

（a）「医薬品、医療機器等の品質、有効性及び安全性の確保等に関する法律」（薬機法）、「医薬品等適正広告基準」：医薬品・医薬部外品・医療機器・化粧品等は、この基準をクリアした広告物・ＳＰツールを制作する必要があります。また、医薬品等に関する景品のルールも定められています。

（b）健康増進法：保健機能食品（トクホ商品（特定保健用食品）・栄養機能食品・機能性表示食品）は、この基準をクリアした広告物・ＳＰツールを制作する必要があります。加えて、トクホ商品は消費者庁で認められた効能効果、栄養機能食品は国が定めた機能性の表示、機能性表示食品は消費者庁長官に届け出た表示内容に限り、機能性を表示することができます。

（c）**業界団体自主規制**：一般社団法人自動車公正取引協議会（四輪車/二輪車の新車/中古車に関する表示や景品に関する自主基準）・飲酒に関する連絡協議会（酒類の広告宣伝と容器の表示に関する自主基準）・一般社団法人日本たばこ協会（製造たばこに係る広告、販売促進活動及び包装に関する自主基準）等があります。

12-4. 各セールスプロモーション手法に関する広告法務Q&A

ここでは、SPの担当者が業務において必ず理解しておかなければならないポイントや、デジタル時代ならではの法務理解が必要なポイントを、具体的な形式で説明していきたいと思います。

①プレミアム手法（懸賞で景品提供・全員/先着順で景品提供）

▷対象商品の使用感をSNSに投稿してくれた人に、抽選で現金100万円をあげることはできますか？
→できません。「使用感」を理解するには対象商品の購入（取引付随）が前提となり、オープン懸賞ではなくクローズド懸賞として、景品規制の範囲内（上限10万円）に留める必要があります。

▷景品が非売品の場合は、景品額はいくらになりますか？制作原価が景品額になりますか？
→制作原価ではなく、景品を販売すると想定した場合の市価や類似・同等品の価格を基準に判断します。

▷総付け景品で、開封するまで中身が見えない（なにがもらえるか

わからない）状態で景品を提供することはできますか？
→中身がわからないブラインド状態は、抽選的な要素があるため、クローズド懸賞となる可能性があります。一方で、商品を手に取った段階で中身がわかる場合は、総付け景品としての景品最高額規制（取引価格の20％）の範囲で実施可能です。

▷応募規約に必ず記載すべき項目はなんですか？
→以下の各項目は、最低限必要となります。
　（a）**応募方法**：応募回数・当選回数を規制する場合は明記。
　（b）**応募資格**：年齢制限の有無、商品購入の要否等。
　（c）**応募締切**：インターネット応募の場合、締切時刻まで明記。
　（d）**抽選方法・当選発表方法**
　（e）**その他（個人情報の取扱・当選無効となる場合・内容変更に対する免責等）**
　　　個人情報について、広告主のプライバシーポリシーがある場合は、必ず記載しましょう。また、個人情報は、個人情報保護法に則った適切な管理を行って下さい。
　（f）**問い合わせ先**

▷写真や川柳等を応募してもらう、投稿型キャンペーンでの注意点はありますか？
→投稿作品の権利関係について、慎重な確認作業が必要です。
　（a）写真・川柳・イラスト・動画等の作品の募集を募る投稿型キャンペーンでは、著作権・商標権等の取り扱いについて、応募規約上で言及する必要があります。主に①著作権・商標権等の権利保証（投稿作品が第三者の権利を侵害していないこと）と、②著作権の帰属（応募者に帰属させ、広告主は使用許諾を受ける or 広告主に帰属させる）を

明確化することが一般的です。
(b) 写真・動画作品の応募キャンペーンで、応募作品に応募者本人や第三者の肖像が写り込んでいる場合は、広告主による肖像権の使用について応募規約等で承諾を得る必要があります。
(c) 応募された作品を広告主のHPに掲載することや、広告物SPツールに使用する場合などは、撮影場所の撮影可否・使用されている楽曲の権利関係・パクリやパロディ作品ではないか・第三者が著作権を有するキャラクター、他社商品の写り込み等について、運営事務局で検閲作業を行って下さい。

▷景品の製造業務を頼まれた場合の、留意点はなんですか？
(a) **特許権や実用新案権**：既存の商品を真似た景品を新造する場合は、特許権や実用新案権を侵害しないように、弁理士による調査や権利者からのライセンスを受けるなどの確認作業が必要です。
(b) **製造物責任法**：景品の不良で消費者の身体等に損害が発生した場合は、製造者として損害賠償義務が発生しうるため、検品体制の整備や無理のない設計仕様にするなど、事故を招く瑕疵・不良の発生軽減に向けた注意が必要です。

②試用手法

▷モニターを抽選で選ぶことはできますか？
→モニターを抽選で選ぶことは可能ですが、モニターに対する報酬を抽選で提供する場合や報酬金額が抽選結果で変動する場合（1等1万円、2等5000円等）は、オープン懸賞又はクローズド懸

賞（店舗への来店・商品購入が条件の場合等）となります。

▷謝礼に限度額はありますか？
→あくまで、モニター業務に対する妥当な対価の提供となります。過度の対価は贈与になる可能性もあります。商品購入者から抽選でモニターを選び、過度の謝礼を提供した場合は、クローズド懸賞とみなされる場合があります。

▷サンプルに該当する例は？
→見本や試供品、無料体験は、常識的な範囲なら景品とみなされず景品規制を受けませんが、実施の仕方により景品規制の対象となります。日用品の小型見本（使いきりサイズのシャンプー等）、食品売り場の試食品、スポーツジムの一日無料体験等は、実施可能なサンプル提供の例となります。なお、この場合は、1回分の容量等「最小取引単位のもの」で「試供品」等の表示（ステッカーでも可）を付すことが条件となります。

③プライス手法

▷タイムセール値引きを実施することは可能ですか？
→実施は可能です。タイムセール（一定時間の価格の引下げや売れ残りの回避のための値下げ等）は、通常は不当表示に該当するおそれはないと判断されています。

▷競合他社の販売価格を比較対象として、他社価格との差額を表示した二重価格表示を行うことは可能ですか？
→可能です。ただし、同じ地域内で競争事業者の相当数が、実際に

販売している価格を正確に調査する必要があります。

▷抽選で値引き券をプレゼントできますか？
→オープン懸賞で対象商品の値引き券（例：お好きな車の半額値引き券プレゼント）を提供することは可能です。引渡しに来店をともなう場合でも、対象商品そのものの場合は値引きとなります。商品購入を条件として、抽選で値引きが提供される場合（例：抽選で半額券をプレゼント）は、景品規制の対象となります。

④広告制作物（グラフィック・映像・記事等）の制作時におけるポイント

▷[著作権] 制作した広告物・SPツールが著作権侵害だとクレームを受けました。どのような検討や対応をすればいいのでしょうか？
→まず、①制作経緯の確認（どのような素材を参考にして制作されたか）、②クレーム主の属性（権利者からのクレームか、一般消費者の意見か、回答を要求されているか）、③表現内容の分析（ほかの作品にも見られるありふれた一般的な表現へのクレームか、アイデアや設定といった権利ではない類似性への感情論か、具体的な描写が類似しているのか）を行い、クレームの本質と問題の深刻さを検証します。いいがかり系のクレームには、毅然とした態度で対応することが肝要ですし、誤解によるクレームであれば誠意を持って説明し誤解を解くことが解決の近道となります。また、検証の結果、一般的な表現だと反論するためには、類似の表現を複数揃えたうえで、誰か特定の人物や団体に帰属する権利ではないとして反論することが望ましいといえます。なお、権利を侵害している可能性が高い場合は、中止と代替案での展開、許諾による使用の継続など更に迅速な対応が必要となります。

▷ [商標権] 制作した広告物・ＳＰツールが商標権を侵害しているとクレームを受けました。どのような対応をすべきでしょうか？
→商標権のクレームの場合は、まず①クレーム主の属性（権利者からのクレームか、一般消費者からの意見か）、②クレームの内容（賠償請求か、差止請求か、許諾料の請求か、その他の意見か）、③クレーム主の権利内容（相手方の登録商標区分とこちらの使用区分。使用されている類似群が異なるとの反論が可能か）、（④）こちらの使用形態（商標的な使用ではないと反論が可能か、未登録の商標として先使用権の反論が可能か、相手方の主張は顕著性のない部分に対しての類似を主張しているだけか）といったポイントの検証を行うことになります。なお、商標権の登録には申請から数ヵ月を要するため、単発のキャンペーン名称等は、登録完了前にイベントが終了する場合もあります。このため、第三者の商標権を侵害していないかという確認調査は行うべきですが、必ずしも登録は必要ではありません。また、商標として登録されていない場合でも、同一のキャッチコピーやタグラインを使用した場合は、不正競争防止法に基づくクレームや心情的なクレームを受ける場合もありますので、インターネットの検索エンジン等を併用して事前調査を行うことが肝要です。

▷ [不当表示] 製作した広告物・ＳＰツールが「不当表示」だとのクレームを受けました。どのような対応をすればよいでしょうか？
→まず、指摘を受けているのが「表現」の部分なのか、それとも「表示」の部分なのかという検証を行うことになります。たとえば""チョコレートクッキー"今ならチョコレート配合率30％ UP」というのは「表示」で広告規制の対象となり、事実かどうかが重要です。一方で「クッキーを食べたら、背中に羽が生えて（おいしさの余り）天に昇った」というのは、あくまで、広告上の表現なので、景表法

の違反とはなりません。表示となる場合、景品表示法の優良誤認や有利誤認とならないように事前の検証が必要です。

　たとえば「通信料無料」と表示して実際は一定の時間帯のみ無料といった場合や、他社も採用している一般的な技術に「当社製品だけ！」といったウソの情報を表示すると優良誤認の可能性があります。また「今月だけ特別価格5万円でご提供」と表示しているのに、実際は通常の販売価格と変わらないような場合は有利誤認とみなされる可能性があります。景品表示法に基づく措置は、主に消費者庁が行いますが、都道府県知事も景品表示法に基づく権限を有しています。不当表示の恐れがある表示が発見された場合には、調査が行われ、指導もしくは程度の酷いものには、「措置命令」が下されることになります。消費者庁は、不当表示に関する立証義務はなく、広告主側が表示に関して、合理的な根拠を示す義務があります。罰則も強化され、最大で過去3年間に遡り当該商品の売り上げの3％相当額が罰金として課される可能性がありますので、十分な注意が必要です。

▷ブランド品の小物を撮影で使う場合、どこまで許諾は必要でしょうか？
→各社のブランド管理の観点から、無許諾での広告使用に対してクレームを受けるケースがあります。無許諾で使用する場合は、架空の小物と見える程度の外観の加工やブランドが特定できないようロゴやマークをぼかすといった配慮は、広告実務として最低限必要です。また、直接の比較対象ではない、第三者商品への配慮も重要です。たとえば、太る習慣の典型例として、具体的なファーストフード等の商品を登場させたり、故障しやすい商品として他社商品を登場させたり、それらを粗末に扱ったりするような広

告表現を行うと、そのメーカーや業界団体等からクレームが入るケースがあります。広告の表現が、思わぬ第三者への誹謗中傷とならないような確認作業が必要となります。

⑤インターネットメディア
（WEBサイト・SNS・電子メール広告・インターネット通信販売）

▷オウンドメディア（広告主のHP・メールマガジン等）や、アーンドメディア（各種SNS）で情報を発信する場合の留意点はありますか？
→広告主のHP・メールマガジン・SNSにおける記事の内容も、広告物・SPツールに準じて扱い、著作権・商標権・不当表示等に対するケアを行ってください。特に第三者の記事等を『引用』する場合には、原則としてすべての広告物・SPツールで著作権者の許諾を要します。

▷メール広告（個人情報保護法・特定電子メール法）の注意点を教えてください。
→メルマガなど電子メールを活用した広告活動では、「特定電子メールの送信の適正化に関する法律」（いわゆる特定電子メール法）を遵守する必要があります。特定電子メール法ではオプトイン方式を採用しているため、広告や宣伝を目的とする電子メールを送信する場合は、事前にメール受信を承諾したメールアドレスにのみ送信が可能です。携帯電話番号でやり取りされるSMSも、規制の対象になります。海外から発信し、日本で着信するメールも規制対象になります。なお、インターネット上で公開されているメールアドレスや名刺交換により得られたメールアドレスはオプトイン規制の対象外です。一度同意が得られたメルマガの読者

などに対しても、オプトアウト（配信停止手続き）の導線を確保しておく必要があります。罰則規定もあり、違反すると法人で最大3000万円の罰金が課されます。

　また、キャンペーンなどで個人情報を取得する場合は、個人情報保護法に則った取得方法、活用方法の運用が必要となります。特に、実務では使用目的を明示して取得すること、漏洩等が生じないよう授受と保管を適切に行うことが重要となります。ビッグデータのうち個人情報と紐づく移動履歴や個人情報と紐づく購買履歴は個人情報とみなされるため、個人情報として取り扱う必要がある点にも留意が必要です。

▷インターネット通信販売に関する広告物・SPツールを制作する際の記載事項に、ルールはありますか？
→通信販売の広告物・SPツールでは、消費者庁の『特定商取引法ガイド 通信販売に対する規制』（http://www.no-trouble.go.jp/search/what/P0204003.html）を参照し、必要表示事項を表示して下さい。また、通信販売広告における具体的な表示方法に関するページについても、必ず参照して下さい。（http://www.no-trouble.go.jp/search/what/P0204004.html）

⑥媒体考査等

▷制作した広告物・SPツールをテレビ・ラジオ等に出稿する場合の留意点はありますか？
→テレビ局・ラジオ局・新聞社等の媒体社では、広告主が出稿を希望する広告について、各種法令やいわゆる業界ルールに違反していないかなど、媒体各社及び媒体社の業界で定めた審査基準

にしたがい、出稿可否の考査を行います。したがって、考査を通らない場合は出稿することができません。また、テレビ局などでは広告主の業態考査も行われます。考査基準には、主に以下のものがありますので、これらの媒体への出稿を計画する場合は判断基準の一つとして下さい。

　（a）テレビCM・ラジオCM：『日本民間放送連盟 放送基準』
　　　（http://www.j-ba.or.jp/category/broadcasting/jba101032）
　　　（一般社団法人日本民間放送連盟）
　（b）新聞広告：『新聞広告掲載基準』（一般社団法人日本新聞協会）
　（c）雑誌広告：『雑誌広告掲載基準』（一般社団法人日本雑誌広告協会）

▷建物の屋上や壁面、車体等に広告物（いわゆる屋外広告物）を掲出する場合に、気を付けることはありますか？
→各都道府県では、良好な景観の形成と風致の維持、公衆への危険防止の観点から、建物の屋上や壁面、車体等の屋外広告物について、その表示や設置等に関する条例を定めており、掲出にあたっては掲出場所の都道府県（市区町村）における条例に基づき、各市区町村の許可が原則として必要です。

　　例）東京都『屋外広告物のしおり』
　　　（http://www.toshiseibi.metro.tokyo.jp/kenchiku/koukoku/kou_siori.htm）

▷インターネットでのステルスマーケティング（ステマ）に対する規制を教えて下さい。
→ステマに対する規制としては、以下二つがあります（2017.2.1現在）。なお、このルールはインターネット広告のみに適用され、そ

の他の媒体には適用されません。
（a）WOMマーケティング協議会が定める『WOMJガイドライン』（http://womj.jp/72619.html）
→消費者間におけるクチコミマーケティングに対するガイドラインであり、『消費者偽装行動の禁止（例：閲覧数の操作等）』や『関係性の明示』を定めています。
（b）一般社団法人日本インタラクティブ広告協会（http://www.jiaa.org）が発行する『インターネット広告掲載に関するガイドライン集』やインターネット広告のフォーマットや運用・ポリシー等

⑦イベント企画・運営

▷広告主からイベント設営を委託された場合の留意点はありますか？
（a）以下の各項目に掲げる事項の、手続き・ケアが必要になります。
　（i）建設業法に則った工事請負契約の締結
　（ii）労働災害保険の申告（届出）
　（iii）工事の規模に応じた有資格者を管理者として配置
　（iv）会場内での事故の防止（建築基準法・消防法の遵守等）
　（v）（元請けとなる場合）産業廃棄物管理票（マニフェスト）の交付
（b）また、イベント会場における場内整備や交通誘導、ゲストの警護等を委託された場合は、以下の手続き・ケアも必要になります。
　（i）警備業法に則った警備計画書の作成と契約の締結
　（ii）（実施場所により）所轄の警察署との事前打ち合わせ

12-5. 第12章のまとめ

　SPの企画・立案における事故を防ぐためには、「知識の量」よりも「リスク感度」が求められます。主に以下に掲げる点に留意しながら、業務に取り組むようにしましょう。

● 三つの視点（消費者／権利者／業界等）を常に意識した企画・立案で、リスクを予防しましょう。

● 制作物に含まれる基礎的な権利・法令は、チェックリストをつくって確認するようにしましょう。

●「思い込み」で進めずに、迷った時は法令・ルールを見返しましょう。

● 広告物の制作経緯を確認し、必要な権利処理を行いましょう。

● 必ず各社の法務担当者や、顧問弁護士にも相談しましょう。

＜了＞

これからのセールスプロモーション業務

デジタル時代は受難の時代!?

　おわりに、本書の内容に基づき、セールスプロモーション（以下、SP）に携わる方たちの業務が今後、どの様に変化していくかについて考察したいと思います。

　本書は各章が有機的に繋がりつつも、大きく分ければ二部構成となっています。第1章から第6章では、デジタル時代を意識しながらも時代を超えたSP理論の本質を整理しています。第7章からはデジタル時代におけるSP実務の技術や考え方について整理しています。

　第7章以降の内容からもわかるように、デジタル時代に入り、SP手法は多様化しました。また、既存のSP手法にもデジタルの要素が加わり、その内容は複雑化しました。SPの実務に携わる方たちからすると、手法の多様化、複雑化によって、今まで以上に高度な知識や技術を求められるようになっています。この点において、デジタル時代は受難の時代であると見ることができます。

デジタル化という福音

　一方で、デジタル化は大きなチャンスだと見ることもできます。本文中で何度か触れられたように、消費者のコミュニケーション活動はデジタル化が進んでいます。この動きに合わせて、SPのデジタル化を推進すれば、変化についていけない競合に対して優位に立

つことができるでしょう（もちろん逆の立場になればチャンスとは言えませんが）。

　また、本書の「はじめに」において早稲田大学の守口剛教授が述べているように、デジタル化によりSPの業務サイクルが円滑に回転するようになります。デジタル化により機械可読型のログデータが正確かつ瞬時に収集されるようになりつつあります。従来であれば、たとえばPDCA（Plan・Do・Check・Action）サイクルを回す際に、Checkのフェイズ（つまりは検証のフェイズ）でデータ収集が困難である、もしくは収集に長い時間を要するという場面が多々ありました。しかし、デジタル時代に入り、データの入手可能性や正確性、迅速性が高まり、以前よりも高い精度の検証をこれまでより短時間で行えるようになりつつあります。このように、検証業務の更なる生産性向上も期待されています。

　これらの点において、デジタル化はSPの実務家にとって、福音であると言えます。

実験回数とイノベーションの相関関係

　また、デジタル化は検証業務の生産性向上だけではなく、最終的なビジネスの目的である売り上げや利益の向上に寄与すると期待されます。それは業務サイクルの高速化によって、実験の回数を増やすことが可能になるからです。このことを考えるにあたり、実験がビジネスに与える影響に関するいくつかの言葉を紹介したいと思います。

　「社員には、あえて袋小路に入り込んで、実験しろとはっぱをかけている。実験にかかるコストを減らして、できるだけたくさん実

験できるようにしている。実験の回数を100回から1000回に増やせば、イノベーションの数も劇的に増える」（Amazon.comの共同創設者でありCEOであるジェフ・ベゾスの言葉）。

「一定量の時間あるいは努力の中で行える試みの回数を、世界の誰よりも多くするのが我々のゴールです」（Googleの会長であり元CEOのエリック・シュミットの言葉）。

「セブンイレブンの店舗で、学生アルバイトも"仮説・検証"を日々欠かさず実践するのは、変化するお客様のニーズこそが、最大の競争相手だからです」（セブン－イレブン・ジャパンの名誉顧問であり元CEOの鈴木敏文の言葉）。

いずれも、説明の必要がないほどの成功を収めた企業のCEOもしくは元CEOの言葉です。上記の言葉からは、頭で考えるだけでなく、それを実験することが成功のためには重要である、と読み取ることができます。また同時に、イノベーションの創出や変化への対応のためには、繰り返し実験することが、重要であると読み取ることができます。

デジタル化によるSPの業務サイクル高速化は、同じ時間のなかで、以前よりも多くの実験が可能になることを意味します。言い換えれば、繰り返されるPDCAサイクルの各Checkのフェイズの業務時間が圧縮された分を足し上げると、より多くのPDCAサイクルが回せるようになるということです。ジェフ・ベゾスたちの成功にならい、実験回数を増やし、イノベーションを生み出す可能性を高めることがこれからのSP業務においては必要になってくると思われます。裏を返せば、PDCAサイクルの回転速度を上げられなかった企業は、競

争から脱落する可能性が高くなるか、その危険性が高まると思われます。

多様化への対応

繰り返しになりますが、SP手法の多様化が進んでいます。そして、PDCAサイクルの回転速度を速めると同時に、今まで取り組んでいなかった新たなSP手法のPDCAサイクルを回し始める重要性が高くなっています。その重要性は、カメラのデジタル化が始まったときに、デジタル化をはじめとする新たな取組みを積極的に行ったフィルム企業と、フィルムからデジタルへの転換が遅れたフィルム企業が、その後、どのようになったかを調べれば、おのずとわかると思います。

最後に、本書を手に取られた実務家の皆様が、本書の内容を手掛かりに企業間競争において優位に立たれることを祈念したく思います。

<了>

執筆：横浜国立大学国際社会科学研究院 准教授
鶴見裕之

[引用・参考文献]

第1章　セールスプロモーションとはなにか？　その役割、特徴、効果

Aaker, D. A.［1991］, Managing Brand Equity, The Free Press.（陶山計介・中田善啓・尾崎久仁博・小林哲（訳）『ブランド・エクイティ戦略』ダイヤモンド社 1994年）

Keller, K. L.［1998］, Strategic Brand Management: Building, Measuring, and Managing Brand Equity, Prentice Hall.（恩蔵直人・亀井昭宏（訳）『戦略的ブランド・マネジメント』東急エージェンシー 2000年）

Kotler, P. and Keller K. L.［2012］, Marketing Management, 14th Edition, Pearson.

松下光司［2014］「セールス・プロモーションによるブランド構築のメカニズム」田中洋（編）『ブランド戦略全書』有斐閣 119-135頁。

守口剛［2002］『プロモーション効果分析』朝倉書店。

守口剛・鶴見裕之［2004］「ブランド育成とプロモーション」上田隆穂・守口剛（編）『価格・プロモーション戦略―現代のマーケティング戦略②』有斐閣 109-134頁。

田村正紀［2006］『バリュー消費―「欲張りな消費集団」の行動原理』日本経済新聞社。

渡辺隆之・守口剛［2011］『セールス・プロモーションの実際　第2版』日経文庫。

第2章　セールスプロモーションの企画立案戦略

Ailawadi, K. L.［2001］,"The retail power-performance conundrum: What have we learned?", Journal of Retailing, Vol. 77, pp. 299-318.

Hart, P. J. and Saunders, C. S.［1998］"Emerging Electronic Partnerships: Antecedents and dimensions of EDI Use from the Supplier's Perspective", Journal of Management Information Systems, Vol. 14, No. 4, pp. 87-111.

Mägi, A. W.［2003］, "Share of wallet in retailing: the effects of customer satisfaction, loyalty cards and shopper characteristics", Journal of Retailing, Vol. 79, pp. 97-106.

Schultz, D.E., Tannenbaum, S.I. and Lauterborn, R.F.［1992］, "Integrated Marketing Communications", NTC Publishing Group

Schumann, J. H., Wünderlich, N.V. and Evanschitzky, H.［2014］, "Spillover Effects of Service Failures in Coalition Loyalty Programs: The Buffering Effect of Special Treatment Benefits", Journal of Retailing, Vol. 90, Issue. 1, pp. 111-118.

金雲鎬・日高優一郎・秋山秀一［2016］「ビッグデータはどのように小売企業の競争優位を高めるのか―サプライヤー協調性を媒介変数とした検討―」『日本マーケティング学会 ワーキングペーパー』Vol. 2, No. 7, pp. 1-25。

第3章　流通・小売のセールスプロモーションを知る（関連概念と理論の整理）

Hübner A, Wollenburg. J. and Holzapfel, A.［2016］, "Retail logistics in the transition from multi-channel to omni-channel", International Journal of Physical Distribution & Logistics Management, Vol. 46 Iss. 6/7, pp. 562-583.

Brynjolfsson, E., Hu, Y.J. and Rahman, M.S.［2013］, "Competing in the Age of Omni-channel Retailing", MIT Sloan Management Review, Vol. 54, Issue#4 pp. 23-29.

Ganesh, J.［2004］, "Managing customer preferences in a multi‐channel environment using Web services", International Journal of Retail & Distribution Management, Vol. 32, Iss:3, pp.140-146.

Nash, D., Armstrong, D. and Robertson, M.［2013］, "Customer Experience 2.0: How Data, Technology, and Advanced Analytics are Taking an Integrated, Seamless Customer Experience to the Next Frontier", Journal of Integrated Marketing Communications, Vol. 1, No. 1, pp. 32-39.

Piotrowicz, W. and Cuthbertson, R.［2014］, "Introduction to the Special Issue: Information Technology in Retail: Toward Omnichannel retailing", International Journal of Electronic Commerce, Vol. 18, No. 4, pp. 5-16.

Rigby, D.［2011］, "The Future of Shopping", Harvard Business Review, Vol. 89, No. 12, pp. 64-75.

Verhoef, P.C., Kannan, P. K. and Inman, J.J.［2015］, "From Multi-channel Retailing to Omni-Channel Retailing: Introduction to the Special Issue on Multi-Channel Retailing", Journal of Retailing, Vol. 91, Issue 2, pp. 174-181.

Zhang, L. and Oh, L.B.［2013］, "Determinants of Multichannel Consumer Switching Behavior: A Comparative Analysis of Search and Experience Products", or WHICEB 2013 Proceedings, Wuhan, China, pp. 205-212.

金雲鎬［2016］「伝統的情報システム活用が小売企業の競争優位に与える影響について」『商学研究（日本大学商学部）』Vol. 32, pp. 5-23。

金雲鎬・日高優一郎・秋山秀一［2016］「ビッグデータはどのように小売企業の競争優位を高めるのか―サプライヤー協調性を媒介変数とした検討―」『日本マーケティング学会 ワーキングペーパー』Vol. 2, No. 7, pp. 1-25。

第4章　デジタル時代のセールスプロモーション事例：サントリー「角瓶」

Schmitt, B. H.［1999］. EXPERIENTIAL MARKETING: How to Get Customers to SENSE, FEEL, THINK, ACT and RELATE to Your Company and Brands. The Free Press.（バーンド・H・シュミット著．嶋村和恵・広瀬盛一（訳）［2000］.『経験価値マーケティング―消費者が「何か」を感じるプラスαの魅力』．ダイヤモンド社．)

奥井真紀子[2010].The Hit Makers Tell ヒットの軌跡 角ハイボール.日経トレンディ（2010年4月号，pp. 120-123）.日経BP社.
加藤希尊．[2016].The Customer Journey「選ばれるブランド」になるマーケティングの新技法を大解説．宣伝会議．
呉琢磨[2010].「ハイボール」25年目の大逆転ホームランを生んだ上司の一言．PRESIDENT（2010年8月16日号，pp. 58-59）．プレジデント社．
高井尚人[2010].決断のとき 一気呵成、ウイスキー復活．日経ビジネス（2010年11月16日号，pp. 132-134）．日経BP社．
守口剛[2009]．ブランドを育てるプロモーション（vol. 9）飲み方の提案による顧客開拓と需要創造．TOP PROMOTIONS 販促会議（No. 138, pp. 114-117）．宣伝会議．

第5章　売り場づくりのノウハウ

総務省[2016]．「平成28年通信利用動向調査」．
田島義博[1989]．「インストア・マーチャンダイジング──流通情報化と小売経営革新」．ビジネス社．
流通経済研究所[2014]．「CATEGORY FACTS BOOK 2014」．
流通経済研究所[2016]．「インストア・マーチャンダイジング＜第2版＞」．日本経済新聞出版社．

第6章　SPの効果測定（成果の指標と効果予測）

守口剛[2002]．『プロモーション効果分析』．朝倉書店．
流通経済研究所[2016]．「インストア・マーチャンダイジング＜第2版＞」．日本経済新聞出版社．

第7章　デジタルで販促手法はどのように変化したか
第8章　＜認知／共感〜興味／関心〜情報収集＞のステージでの販促手法
第9章　＜購買欲求〜比較検討〜来店〜購買＞のステージでの販促手法
第10章　＜継続購入〜顧客化〜共有／拡散＞のステージでの販促手法
第11章　販売促進にともなう制作物

『セールス・プロモーションの実際』（日本経済新聞出版社）渡辺隆之・守口剛　著
『プロモーショナル・マーケティング』（宣伝会議）一般社団法人日本プロモーショナル・マーケティング協会編纂
『ZMOT Winning the Zero Moment of Truth』（Google）Jim Lecinski
『Retail 3.0』（Hawkins Strategic）
『ダブルファネルマーケティング』（リックテレコム）トランスコスモス・アナリティクス
「買物を根底から変えるオムニチャネルリテール」．『日本の広告会社 アドガイド2014-2015』（宣伝会議）

第12章　セールスプロモーションにおける法務

『プロモーショナルマーケティング（第四版）』（宣伝会議）一般社団法人 日本プロモーショナル・マーケティング協会 編纂 [2013]
『景品表示法（第四版）』（商事法務）真渕博　編著 [2015]
『著作権法入門 2016-2017』（公益社団法人著作権情報センター）文化庁　編著 [2016]
『民放連放送基準解説書』（コーケン出版）日本民間放送連盟　著
『新版 商標法（第三版）』（中央経済社）末吉亙　著 [2012]
『デジタル時代の広告法規』（日経広告研究所）岡田米蔵、梁瀬和男　著 [2003]

[執筆者一覧]

監修・はじめに

守口 剛（もりぐち・たけし）
早稲田大学商学学術院 教授

早稲田大学政治経済学部経済学科卒業。東京工業大学大学院理工学研究科経営工学専攻修了、博士（工学）。財団法人流通経済研究所、立教大学を経て2005年より現職。日本マーケティング・サイエンス学会理事、日本マーケティング学会理事、日本プロモーショナル・マーケティング学会副会長。この他、早稲田大学大学院商学研究科長、日本消費者行動学会会長、日本商業学会副会長などを歴任。主な著書に、『プロモーション効果分析』（朝倉書店）、『消費者行動論：購買心理からニューロマーケティングまで』（八千代出版）共編著、『セールス・プロモーションの実際』（日経文庫）共著、などがある。

第1章

松下 光司（まつした・こうじ）
中央大学ビジネススクール（大学院戦略経営研究科）教授

慶應義塾大学大学院経営管理研究科博士課程修了、博士（経営学）。南山大学大学院ビジネス研究科准教授などを経て現職。専門は消費者行動論、マーケティング論。主な論文・著書は、『消費者行動論—マーケティングとブランド構築への応用』、有斐閣、2012年（分担執筆）；「セールス・プロモーションによるブランド構築のメカニズム」、『ブランド戦略全書』、有斐閣、p.119-135）、2014年；「競争戦略：ライフネット生命のニッチャー戦略」、青木幸弘 編、『ケースに学ぶマーケティング』、有斐閣、(p.21-40)、2015年。

第2章・第3章

金 雲鎬（きむ・うんほ）
日本大学商学部 准教授

神戸大学経営学研究科、山梨学院大学専任講師・准教授を経て、2010年より現職。近年は、「ビッグデータはどのように小売企業の競争優位を高めるのか-サプライヤー協調性を媒介変数とした検討-」（『日本マーケティング学会 ワーキングペーパー』2016年第2巻第7号）や「小売企業はオムニチャネルから収益を得られるのか-その条件と可能性に関する探索的考察-」（日本商業学会関西部会 2016年4月16日報告）など、デジタルマーケティングをキーワードに、コミュニケーションや競争優位、組織問題、イノベーションについて研究を進めている。商学博士。2005年日本商業学会論文賞、2011年吉田秀雄記念事業財団奨励賞を受賞。

第4章・第5章・第6章・おわりに

鶴見 裕之（つるみ・ひろゆき）
横浜国立大学大学院国際社会科学研究院 准教授

立教大学社会学部産業関係学科卒業。立教大学社会学研究科応用社会学専攻 博士課程後期課程修了。博士（社会学）。財団法人流通経済研究所を経て、2010年より現職。日本行動計量学会理事、日本マーケティング・サイエンス学会研究委員。主な著書は「コンジョイント分析を利用したブランド評価」、『ブランド評価手法 —マーケティング視点によるアプローチ—』（守口剛、佐藤栄作編著）朝倉書店、2014。「マーケティングにおけるSNS上のテキスト・データ活用の可能性と限界」（中山厚穂、増田純也との共著）、『マーケティングジャーナル』、138号（頁38-54）、2015。

第7章・第8章・第9章・第10章・第11章

藤枝テッド和己（ふじえだ・てっど・かずみ）
電通ヤング・アンド・ルビカム
ショッパーマーケティング室 室長

第一企画（現ADK）、ベイツ・ジャパン、グレイワールドワイド、モメンタムジャパンでプロモーション・ディレクターやプランニング・ディレクターを歴任、世界的なブランドのプロモーション戦略開発に携わる。2013年、北米の戦略デザイン会社ChaseDesignの日本法人チェースデザインを立ち上げ、マネージングディレクターに就任。日本において本格的にショッパーマーケティングのサービス提供を開始。2016年より現職。現在、ショッパーマーケティング実務第一人者として、年間20本の以上のセミナー・講演を行い、宣伝会議等の紙誌に記事・コラムを寄稿。多くのクライアント企業へのコンサルティングで活躍中。

第12章

小川貴之（おがわ・たかゆき）
博報堂プロダクツ 総務・コンプライアンス室
総務部法務チーム マネジメントプランナー

2012年早稲田大学卒業。同年、博報堂プロダクツ入社。初任で法務配属となり、博報堂DYホールディングスグループ法務室にて常駐勤務。企業買収、コンテンツの海外輸出、紛争・クレーム対応から広告物における法的リスクのチェックまで、国内外を問わず広告実務に関連する全ての法務に従事している。特に、自動車分野に関連する広告物の法的リスクチェックが得意領域。

宣伝会議 の書籍

【宣伝会議マーケティング選書】
デジタルで変わる
マーケティング基礎
宣伝会議編集部 編

■本体 1800円＋税
ISBN 978-4-88335-373-6

この1冊で現代のマーケティングの基礎と最先端がわかる！デジタルテクノロジーが浸透した社会において、伝統的なマーケティングの解釈はどのように変わるのか。いまの時代に合わせて再編したマーケティングの新しい教科書。

【宣伝会議マーケティング選書】
デジタルで変わる
宣伝広告の基礎
宣伝会議編集部 編

■本体 1800円＋税
ISBN 978-4-88335-372-9

この1冊で現代の宣伝広告の基礎と最先端がわかる！ 情報があふれ生活者側にその選択権が移った今、真の顧客視点発想が求められている。コミュニケーション手法も多様になった現代における宣伝広告の基礎をまとめた書籍です。

【宣伝会議マーケティング選書】
デジタルで変わる
広報コミュニケーション基礎
社会情報大学院大学 編

■本体 1800円＋税
ISBN 978-4-88335-375-0

この1冊で現代の広報コミュニケーションの基礎と最先端がわかる！ グローバルに情報が高速で流通するデジタル時代において、企業広報や行政広報、多様なコミュニケーション活動に関わる広報パーソンのための入門書です。

【宣伝会議マーケティング選書】
デジタルで変わる
セールスプロモーション基礎
販促会議編集部 編

■本体 1800円＋税
ISBN 978-4-88335-374-3

この1冊で現代のセールスプロモーションの基礎と最先端がわかる！ 生活者の購買導線が可視化され、データ化される時代における販促のあり方をまとめ、売りの現場に必要な知識と情報を体系化した新しい時代のセールスプロモーションの教科書です。

詳しい内容についてはホームページをご覧ください　www.sendenkaigi.com

宣伝会議の書籍

【実践と応用シリーズ】
CMを科学する
「視聴質」で知るCMの本当の効果とデジタルの組み合わせ方
横山隆治 著

本書では、あいまいだったテレビCMの効果効能を科学的に分析し、真のデジタルマーケティングに必要なデータと共に動画コンテンツのありかた、将来的なテレビCMのあり方について論じる、マーケティング関係者必読の書。

■本体1500円＋税　ISBN 978-4-88335-364-4

【実践と応用シリーズ】
生活者視点で変わる小売業の未来
希望が買う気を呼び起こす 商圏マネジメントの重要性
上田隆穂 著

ネット販売や新しい決済方法、商品の受け取り方、オムニチャネルなど様々な革新が至るところで起きている。そんな流通小売業の大きな変化を「生活者の視点」で見直すとどうなるのか。小売りの実証実験の結果をもとに新しい小売業のあり方をまとめた書籍。

■本体1500円＋税　ISBN 978-4-88335-367-5

【実践と応用シリーズ】
拡張するテレビ
広告と動画とコンテンツビジネスの未来
境 治 著

フジテレビの凋落やCM不振など、ネガティブな話題ばかりがとりあげられがちなテレビの周辺ビジネスの状況をイチから整理し、根本から考え直した末に見えてきた、新しい時代の広告、動画、コンテンツビジネスのあり方を提示する書籍。

■本体1500円＋税　ISBN 978-4-88335-366-8

【実践と応用シリーズ】
ダイバーシティとマーケティング
LGBTの事例から理解する新しい企業戦略
四元正弘・千羽ひとみ 著

本書は、LGBT当事者や企業の担当者など、ダイバーシティの現場取材を通して、「イノベーションにつながるダイバーシティ戦略」や「性的マイノリティの視点」を取り込むことで生まれる新しい企業戦略、マーケティングについてまとめた書籍です。

■本体1500円＋税　ISBN 978-4-88335-390-3

詳しい内容についてはホームページをご覧ください　www.sendenkaigi.com

【宣伝会議マーケティング選書】

デジタルで変わる
セールスプロモーション基礎

発行日　　2017年3月1日　初版

編　者　　販促会議編集部
監　修　　守口　剛
発行者　　東　英弥
発行所　　株式会社宣伝会議
　　　　　〒107-8550　東京都港区南青山3-11-13
　　　　　tel.03-3475-3010(代表)
　　　　　http://www.sendenkaigi.com/
印刷・製本　株式会社平河工業社
装丁デザイン　SOUP DESIGN

ISBN 978-4-88335-374-3　C2063
© 2017 Takeshi Moriguchi, Koji Matsushita, Unho Kim,
Hiroyuki Tsurumi, Kazumi Ted Fujieda, Takayuki Ogawa
Printed in Japan

無断転載禁止。乱丁・落丁本はお取り替えいたします。